在此将爱与感激

献给

Jill、Max和Nina

Routledge
Taylor & Francis Group

儿童青少年
心理治疗的故事
创造好奇的空间

Stories from
Child & Adolescent
Psychotherapy:

A
Curious
Space

（美）亨利·克罗南戈尔德（Henry Kronengold） 著

高侠丽 梁静 章扬清 译

化学工业出版社

·北京·

图书在版编目（CIP）数据

儿童青少年心理治疗的故事 ： 创造好奇的空间 / （美）亨利•克罗南戈尔德（Henry Kronengold）著 ； 高侠丽，梁静，章扬清译 -- 北京 ： 化学工业出版社， 2024. 10. -- ISBN 978-7-122-46290-9

Ⅰ. G444

中国国家版本馆 CIP 数据核字第 2024F3B458 号

责任编辑：赵玉欣　王　越　王　璇　　装帧设计：尹琳琳
责任校对：宋　玮

出版发行：化学工业出版社
　　　　　（北京市东城区青年湖南街 13 号　邮政编码 100011）
印　　装：大厂回族自治县聚鑫印刷有限责任公司
710mm×1000mm　1/16　印张 13$\frac{1}{2}$　字数 154 千字
2024 年 11 月北京第 1 版第 1 次印刷

购书咨询：010-64518888　　　　　售后服务：010-64518899
网　　址：http://www.cip.com.cn
凡购买本书，如有缺损质量问题，本社销售中心负责调换。

定　　价：68.00 元　　　　　　　　　　版权所有　违者必究

内容简介

在《儿童青少年心理治疗的故事：创造好奇的空间》这本书中，作者Henry Kronengold通过一系列引人入胜且极富创意的临床片段探索了儿童和青少年心理治疗这一变幻莫测的世界。书中每一个真实的案例都描绘出治疗师与孩子们进行的治疗工作中的那些跌宕起伏与进退维谷的时刻，记录了治疗师在治疗过程中的所思所想，为读者提供了一个独特的视角。本书旨在激发读者之间的对话，无论大家具有怎样的专业背景或理论取向，去探讨儿童与青少年工作中的哪些治疗因素最为有益最终都是非常有帮助的。

作者介绍

Henry Kronengold 博士在纽约市拥有一家私人诊所。他是纽约市立大学临床心理学项目的临床督导。

推荐序

"儿童青少年心理治疗过程到底长啥样？"——相信无论是从业者、家长、老师、想要尝试心理治疗的青少年或者心理学爱好者可能都会发出这样的疑问。诚然，市面上已经有为数不少的专著[1]试图从理论技术层面阐述这个问题。然而，就像是我们无法全然从乐理书中体验到一首完整乐曲的意趣，从"知道"（knowing）到"感知"（experience）犹如要把一颗颗富含了知识点的"珍珠"串成一条迷人的"珍珠项链"。在儿童青少年心理治疗的世界中，包含了大量言语以及非言语信息的细致入微的案例逐字稿及记录就是一座桥梁，让人从"不知道"通往"知道"，更让人从"知道"通往"感知"。

既然深度解析临床案例记录如此重要，为何市面上的同类题材书籍并不多？首先，出版案例记录甚至逐字稿，除了撰写本身很考验作者写作及专业功力之外，最重要的一项工作是模糊来访的信息使其无法被识别，同时获得其对于相关素材被出版的许可，这个过程本身需要经历谨慎而漫长的沟通、讨论与修改过程，以确保来访者的个人权益不会因出版而受到损害。而这些年难上加难的是，有越来越多的专业人士认为，如果要出版发表与儿童青少年相关的案例，光取得未成年人监护者的许可是不够的，还需要等孩子长大后有完全民事行为能力时才能确定本人是否有意愿作为匿名案例出现在出版物中[2]。因此当

---

[1] 个人推荐 Peter Blake 所著的《儿童青少年心理治疗》。

[2] 而对于那些因为各种特殊需求而无法拥有完全民事行为能力的孩子们，获得许可更是一项"不可能完成的任务"。

我读到这本由纽约资深儿童心理治疗师Henry Kronengold出版的案例集时，几乎是抱着一种"且读且珍惜"的心情推荐给了多位从事儿童青少年心理治疗的同行。

阅读一本好的案例集有时候如同点开一连串接头暗号与密码，而在这些文字逐渐通往的那个专业思考的世界里，"是的！工作中就是这样的！"的体验会在阅读本书时反复出现。除却通过个案过程的逐字稿对小来访者的内心世界加以精彩探讨之外，本书中涉及的大量实务问题相信会让从事儿童青少年心理治疗工作的同行，或者想要知道孩子究竟会在儿童青少年心理治疗中经历什么的家长和老师们，产生许多"哦！原来是这样"的恍然大悟以及共鸣，比如：

当要求一个孩子在咨询工作结束时收拾自己所有的玩具，但他拒绝并大吵大闹时，你会怎么做？

当一个已经经历过多位治疗师的心理治疗，但发展状态越来越糟糕的孩子，对你咆哮着说"心理治疗一点也没用！我自己根本不想来！"的时候，你会怎么做？

当一个看似热情友好的孩子突然意识到自己和你的工作是需要付费的，从此以后变得非常冷淡，你会怎么做？

当一个无比焦虑的孩子必须要知道你的大量个人生活信息，不然无法继续工作的时候，你会怎么做？

上述问题的"答案"你都会在阅读这本案例集的时候陆续体会到，之所以在答案二字上加了引号，是因为在心理治疗的世界里并不存在绝对正确的"答案"，而是在"不知道"的假设之上，与来访者一起去探索真相，正如本书副标题所写的——创造好奇的空间。这个创造的过程本身就是"答案"。

当读者拿到本书时，也许会发现这本书就其厚度而言并不是一本大部头，但在我的阅读体验中，这是一本"越读越厚"的书，我会建议同行们阅读案例逐字稿时尝试着先停下来想一想：如果是我面对这样的局面或对话，可以如何保持精神分析式的思考并进一步推进工作？如果运用本书进行教学研讨工作，不妨尝试将部分段落用于模拟咨询环节，增强从业者的胜任力。读者们也不妨时不时想一想：我认同书里的干预与回应方式吗？如果是我处于那个情境的话，可能会有什么不同的处理方式？这本书里的技术在多大程度上可以被我借鉴运用于自己的来访者身上？

　　而对于家长和老师而言，本书可以提供一个观察的视角，帮助大家意识到，即使是在看起来稀松平常的对话互动过程中，一个孩子都有可能呈现无比丰富的内心世界。尽管我并不鼓励大家在现实生活中盲目运用心理咨询技术去和周围人开展对话，但这些个案进程的记录也许能让大家更加直观地体验什么是"温柔的好奇"，什么是"不带敌意的坚决"，什么是"看见"，什么是"倾听"，而这些体验本身就是具有积极意义的：如果想提供给孩子一些好东西，那么自己先要体验一下那是什么才行。

　　本书译者团队由三位有大量与儿童及青少年工作经验的同行组成，书中的经验借由她们的经验而在另一种文化环境下落地生根，这是一种象征层面上的"孕育"。能见证她们的宝贝呱呱坠地并祝福她健康成长，这是我的荣幸。

严艺家

2024 年 7 月 15 日于伦敦

Stories from
Child & Adolescent
Psychotherapy

目录

A
Curious
Space

Stories from
Child & Adolescent
Psychotherapy

A
Curious
Space

儿童青少年心理治疗的故事　创造好奇的空间

第一章

引言：好奇的空间

　　多年前的一次治疗过程中，一个10岁的男孩望向我，当时我们正在来回扔球。他犹豫了一下，然后问我："我们在做什么？"他很疑惑治疗是如何帮助他的。那天他的问题让我很惊讶；然而事实上，他的疑问也呼应了我经常问自己的一个问题。我和不同年龄段、面临各类挑战的儿童以及青少年一同工作，与他们一同游戏和交谈；我同父母、老师以及任何可能对孩子的发展有帮助的人会面；我相信我可以帮助这些孩子以及他们的家庭。与此同时，我经常琢磨治疗中究竟是什么在发挥作用。治疗师和孩子之间到底发生了什么才会有进步和疗愈？

　　"我们在做什么？"这个问题是我写这本书的核心。在某些时候，我决定在继续寻找答案的同时，也要怀揣这个问题以保持在和儿童工作中的开放性。这是一本关于案例研究的书，或者我更倾向将它看作短篇小说，书中详细介绍了我的工作以及我与六位儿童或青少年建立与发展起来的治疗关系。

　　这些故事聚焦于治疗过程，其中包含了一些在治疗中发生的不那么舒服的时刻。我选择讲述的治疗故事从结果上看既不是最好的，也不是最糟的。相反，这些治疗让我很好奇，哪些关键因素对与儿童工作是有帮助的。每一个孩子都会带给我挑战，让我去思考治疗过程中的各个关键部分。什么情况下我们要听从孩子的引导？什么情况下在孩子遭遇不适时我们会鼓励他去应对挑战？什么情况下我们需要将儿童重复性的游戏或行为视为治疗中的问题？为了帮助孩子，是不是大多数治疗师都必须清楚地了解在特定的治疗中发生了什么？玩笑和幽默的作用是什么呢？运动呢？输或赢呢？治疗师本身的存在在什么情况下发挥了关键作用？治疗师和儿童如何共同成就了治疗？有多少是治疗师和儿童共同创造的治疗？我们如何处理结束、付费以及涌向我们的各种个人议题？

我想我思考的这些问题能够与大多数儿童治疗师产生共鸣。尽管每个孩子都是不同的，但我与这些孩子工作的方式却有着相似之处，我会根据情况不同而选择不同的方式。有时，我使用的方式之间可能看起来是矛盾的，这恰恰证明了我自己的信念，即不去遵循一个特定的取向，而是需要考虑每个孩子的个人需求，并适时调整我们的治疗方法。当然，对于治疗中什么是重要的，我有自己的倾向，我很确定这些没有出现在这些临床片段中。我的大部分工作和训练都来自精神分析、人文主义和传统发展观，而它们都强调游戏在儿童发展和治疗中的重要性。也就是说，我也在我的工作中采用认知行为、家庭系统和感统训练的方法。我希望这些案例能够提供足够的空间，从而使对儿童治疗工作感兴趣的读者能够发现这些故事的相关性和新颖性。

坦率地说，我关注的是治疗关系的重要性以及发生在治疗会谈中的那些事件的潜在意义；除此之外我还关注好奇心和冒险精神，我认为这些在儿童工作中至关重要。这些使得治疗即使处于最痛苦和困难的时刻，也具有乐趣和活力（playfulness）。对于治疗过程的好奇，源自我们在办公室或游戏室里接待的孩子们的复杂的生活发展经历以及对他们欣赏。随着工作经验的累积，我意识到"哪些对于孩子有帮助，哪些没有帮助"这个问题本身是很复杂的。阅读一本似乎掌握了所有答案的书籍或手册是很诱人的，然而真有那么简单就好了。

在思考儿童的个体性和复杂性时，我想起了Antonino Ferro（1999）的一句话。他谈到了一个名叫Francesca的小女孩，她在他的办公室里画了一幅内容为森林的画作，并将它取名为《木头》（wood）。Ferro 说他看着 Francesca 的画，不去过早推断画作背后的意义，这样他就能更接近孩子的观点。

一旦我放松了与理论参照的联系，我便开始感觉有迷失的风险。"弱"范式让我们对思考产生恐惧，并害怕发现我们是独自一人待在森林里，而"强"范式会让我们感到安全，但它们只会让我们在树林里看到模型本身所预示到的东西。（p.27）

我引用 Ferro 的这段话作为这些故事的引言，并邀请大家理解和思考我即将讨论的这些不同的孩子。我邀请读者和我一同进入治疗空间，一同感受好奇并进行探索。在考虑特定治疗中可能发生的状况时，我们可能会略微迷失一下，一旦我们允许自己迷失，我们便能允许自己进入一个孩子的世界，这也是我试图帮助本书中每个孩子时的核心态度。我们并非总是知道自己在做什么——这是不可避免的，因为要进入他人的世界，需要经历一定的不适和对知识的悬置。这种感觉是不舒服的，急于找到自己的方向会导致更多的困惑，或渴望迅速将治疗结构化为一种可预测的、舒适的方式。

真诚地与孩子一起游戏是很重要的，要作为一个共同玩家加入孩子，有时与孩子一起迷失，在他的世界里玩耍。进入一个孩子的世界，试图理解一个孩子，意味着治疗师带着一定的目标感和乐趣，同时也需要谦卑。这种谦卑源于试图理解另一个人，并意识到在这期间有很多东西需要学习。无论治疗师是通过游戏、艺术、交谈还是孩子在其体验中使用的任何媒介来参与孩子的世界，这一过程都极具力量且富有治疗性。如果孩子玩棒球，那么治疗师可以成为一名棒球运动员；如果孩子画画，那么治疗师可能会成为艺术家；如果孩子喜欢玩偶，那么无论如何，治疗师都可以拿一个玩偶和孩子一同创造角色，与孩子一同发展一个共享的、富有想象力的空间，这一切都将推动治疗。同样重要的是，我们需要注意到如果一个孩子主要是通过谈话来认识世界，那么治疗师可以以同样的探索精神，用语言与孩子互动。

有些孩子会在游戏中进入一个奇幻的世界，这样的游戏非常丰富而有趣。然而游戏的奇妙和探索同样可以基于对现实的模拟，比如棋盘游戏、活跃的身体游戏或是有来有回的言语交流。每个孩子都以不同的方式创造他的世界，我们的工作就是进入这个世界，而不是预先设定这个世界应该是什么样的或应该怎样运作。然而要再次强调的是，我们不仅要跟随着孩子的脚步，还要积极参与其中，就像一个好玩伴或合作伙伴一样，共同创造故事、发展一段有参与感的关系，并保持有助于儿童发展的情感体验。

我能想到，大一点的孩子会依赖隐喻，而小一点的孩子则最可能从言语形式的治疗中获益。不同之处在于每个孩子如何体验和触及这个世界。于我而言，问题在于我们如何根据一个孩子的不同特质来斟酌我们的治疗工作，这样我们就能在治疗室的环境里为孩子们创造空间，让他们能动态地发展应对世界的方法。重要的是要考虑这个治疗空间是如何由孩子和治疗师二人共同创造的，以及治疗师会将自己的喜好和倾向带到这段关系中。我恰巧喜欢运动、乐高，并以开玩笑的形式用幽默吸引孩子。虽然我喜欢艺术，但不巧我的艺术水平非常糟糕。很遗憾，这种技能的缺乏也会影响我的治疗工作。我认为，每个治疗师都需要考虑如何能更好地与孩子建立联系，同时尊重孩子，诚恳地告知自己擅长的工作方式。我们同孩子的连接是从事一切治疗工作的基础。在我开始接受儿童治疗师的培训之前听过一个古老的故事，即Hasidic的《公鸡王子》（*Rooster Prince*），它一直萦绕在我脑海中，这个故事教会了我许多关于如何与脆弱的孩子一同工作的知识。

从前，一位王子和他的父母住在东欧的一个城市里。国王每天都会给他的儿子布置任务并教他如何表现："对所有长辈都要有礼貌；要有王子范儿；说话要这样，走路要那样。"

一天，王子在黎明时分醒来，起身后开始像公鸡一样鸣叫。起初没人注意到，但当他脱下衣服，摇摇摆摆地下楼时仍然扯着嗓子叫，仆人们大笑起来。王后在厨房吃早餐，当她看到儿子时，她倒吸了一口气说道："亲爱的，去穿上衣服吧！你一点都不像个王子！"但是王子却没有理睬她，而是蹲在桌子底下，像公鸡一样啄起地板上的面包屑来。国王怒视道："这可不是什么王子的行为，我们不觉得好笑！"

但无论国王和王后说什么或是做什么，王子仍像公鸡一样打鸣、摇摇摆摆、啄食，表现得完全像一只公鸡，而不像一位王子。那天晚上，王子没有回到自己的房间，而是蹑手蹑脚地走到谷仓里，并在那里过了一夜。黎明时分，他睁开眼睛，开始打鸣。很快他回到屋子里，蹲在厨房的桌子下啄地板上的面包屑。他就日复一日地这么做着。

绝望之中，国王和王后找来各路名医，他们给王子开药、施咒、进行各类仪式，并且试图同他讲道理。但王子却对着他们打鸣。"我们怎么做才能让我们的儿子再次表现得像个王子呢？"国王询问智者们，但是没有人能回答，很快"公鸡王子"的消息就传开了。

一天，一位年老的智者来到这座城市。老人的脸上布满了皱纹，眼睛几乎看不见，拄着拐杖一瘸一拐地走着。他来到王宫，宣布："我向国王和王后保证，我有治愈你们儿子的方法。"国王指了指厨房，王子现在整天待在桌子底下。智者一瘸一拐地走了过去。国王跟在后面，惊讶地一言不发，看着智者脱下衣服，爬到桌子下面，开始像鸡一样咯咯叫并啄食。"如果你自己也疯了，你怎么能治好我儿子的疯病呢？"国王喊道。但智者只是更大声地咯咯叫着，四处乱窜，啄着面包屑。国王和王后互相商量："我们该怎么办呢？"王后说："现在我们家有两个疯子了。""我们必须等待。"国王说，虽然他的心中充满了担忧。

第二天，公鸡和小鸡，王子和智者，在桌子下面啄着、咯咯叫着，他们一边啄着，一边开始互相交谈。"我是一只公鸡。"王子说。"原来如此。"智者说，"你在厨房里过得怎么样？""很好。"王子说，"每个人都让我独自享受时光。这才是美好的生活。"智者说："我明白了。"

这种情况一直持续着，直到有一天，这位智者去找皇家女裁缝："给我拿条裤子来。"他说。当女裁缝拿来时，智者开始穿上裤子。"公鸡王子"瞪大眼睛叫道："你在干什么？鸡不穿裤子！""谁说的？"智者问道，"我为什么不能暖和暖和呢？为什么人类应该拥有所有好的东西？""公鸡王子"第一次注意到地板很冷，谷仓也很冷。第二天，当智者要一件衬衫时，"公鸡王子"盯着他说："鸡不穿衬衫。""我为什么因为自己是一只鸡就一定要瑟瑟发抖呢？"智者回答说。"公鸡王子"再次想到他感到很冷。当智者穿上袜子和鞋子时，"公鸡王子"看到了自己伤痕累累且疲惫不堪的脚。不久之后，王子回到了他的位置，放弃了公鸡的生活。

我让读者去思考《公鸡王子》这则故事的意义，就像我相信读者会思考本书中其他故事的意义一样。对我而言，这个故事说明如果一个人允许自己进入另一个人的世界，在这个过程中与那个人建立联系并帮助那个人走向不同的地方，这将是无比有力量的。然而我们可以从不同方面来看待这个故事，就像我们可以以不同方式来考虑我们与儿童的工作一样。这本书（英文版）的副书名为 *A Curious Space*（好奇的空间）。治疗师的好奇心表现为试图理解和帮助孩子，并尝试思考在特定时刻什么方法能够帮到孩子。治疗初期，孩子们的好奇心是缺乏的，但希望能在治疗空间中被激发出来，并随着孩子的成长产生强大力量。还有另一种困惑和好奇心，源于治疗过程中治疗师与特定孩子相遇的那个时刻所发生的事情，正是这种好奇心激发了我同儿童的工作，我希望这本书中的治疗故事能唤起并激发这种好奇心。这本书的想法并不是回答"我们在做什么"这个问题，而是让这个问题酝酿并激发与儿童和青少年一起工作的想法。我希望读者能接受我的邀请，和我一起推敲治疗的过程，至少我们可以探讨在六个非常不同的孩子和一位特定的治疗师之间展开的治疗过程。

Stories from
Child & Adolescent
Psychotherapy

A
Curious
Space

儿童青少年心理治疗的故事　　创造好奇的空间

第二章

嗨，玩具人

　　我第一次见孩子们，是当我走出办公室在等候区同他们打招呼的时候。他们通常会很犹豫，想知道他们即将见到谁，以及接下来他们要做什么。而Abby却不是这类孩子。

　　我走出办公室，向那个有着棕色长发、瘦高的六岁女孩问好。穿着粉红色衣服的Abby迅速地微笑一下并潦草地向我打了个招呼。与此同时，我看到她将背包里的东西摊开在候诊室的椅子上，她似乎已经把这里当成了自己家。我邀请Abby进入我的办公室，她轻快地跟了进来——实际上是我跟着她，Abby蹦蹦跳跳地进了我的办公室，开始了我们的第一次会谈。她一进来就开始四处张望探索起来，她先看了玩具城堡，接着是那个装满泡沫球的篮子。在注意到我的玩具橱柜的门略微敞开时，她停下了脚步。打开门后，她睁大了眼睛打量着橱柜以决定接下来先做什么。她迅速而有条理地翻找着橱柜内的物品，最终选定了厨房游戏中的东西，包括锅、盘子和各类仿真食物。

　　Abby是那类被贴上"精力充沛"或"热情洋溢"标签的孩子。正如最近她幼儿园老师的报告中描述的："Abby是一个精力充沛、充满活力的孩子，她喜欢创新，正在学习如何遵守课堂规则，以及如何与其他孩子一同玩耍。"这是用一种委婉的方式来说明Abby不听从老师的教导，也交不到任何朋友。Abby要做她想做的事，否则就不会合作了。Abby的母亲也有同样的担忧，她告诉我，Abby很容易因为小的不满而感到沮丧，并常在家里大发脾气。Abby是在罗马尼亚的一个小村庄中被收养的，当时她只有一个月大，关于她亲生父母的信息很少，现在她和养母以及10岁的姐姐在曼哈顿过着舒适的生活，姐姐也是被收养的。Abby 的母亲是一名成功的律师，非常有耐心，就像经常发生在许多父母身上的一样，她常感到精疲力竭，并且不确定下一步该做什么。

在我们为期两年治疗的早期，我感到我们的会谈似乎在 Abby 进入我的办公室之前就已经开始了。我能听到她坐在等候室里与妈妈或保姆兴致勃勃地交谈。当我打开门时，她会迅速跳起来，立即投入到玩耍中，她非常喜欢各种不同的游戏和材料。在最初几次会谈中，Abby 喜欢尝试不同的物品，她玩各类仿真食物、搭积木，并拿出纸和笔画画。但最重要的是，同所有玩具和游戏相比，Abby 最喜欢指挥我做事情，她用尖锐的声音告诉我该做什么和不该做什么。

站在这里！拿那个盒子！不是红色的！是绿色的！你把它放错了方向！我跟你说过多少次我不喜欢那个！已经在那儿了！

虽然这听起来可能有些刺耳——有时确实是如此，但 Abby 对我发号施令的方式却有一些可爱之处。Abby 似乎很享受并投入到会谈中，这对我很有帮助，这告诉我她的控制行为可能会在我们最终创造的故事和角色中发挥重要作用。通常，控制行为的作用是阻止一系列的提问或游戏的进程。但在 Abby 这一案例中，控制行为似乎是游戏的主要特征。当 Abby 对我颐指气使时，她的眼中闪烁着一丝光芒，暗示着一些潜在的动机，而我猜测这些动机将会被证明是充满意义的。所以，我配合着，穿插着充当雇工和契约仆人的角色。

（Abby 坐在地毯上盖房子，当我走近时她抬头看向我。）

Abby：你不能坐在这里，这是我的地盘。

我：Abby，我能坐在这里吗？（我指向她左边的一个地方。）

Abby：不行！

我：那这里怎么样？（我指了指左边稍远一点的地方。）

Abby：好一点了，但还不够，往那边挪！（Abby专横地指着右边的一个
地方。）

我：好吧，好吧。哎呀，有点棘手。是的，小姐。

Abby：别叫我小姐。（这时她的声音变冷淡了。）

我：我该怎么称呼你呢？

Abby：叫我名字！（她看着我，仿佛我是个大白痴。）

我：好吧。我想我现在明白了。

Abby：没有。你不明白！（她撇了撇嘴，并将头转过去。）

Abby还给我起了个特别的名字。对Abby来说，我是"玩具人"（Toy
Man），比如："嘿，玩具人。""下周见，玩具人。"或者更常见的是："站在这
里，玩具人！""接着那个盒子，玩具人！"或者"别挡道，玩具人。"当我们
意见不一致时，Abby会皱起眉头，把手放在屁股上，专注地看着我，然后开
始说："听着，玩具人……"

我决定顺着Abby，我就是"玩具人"，甚至连Abby的保姆都不知道我的

真名，有一天当她问我Abby的日程安排时，她不好意思地叫我"玩具人"。我思考了玩具人的意义。这意味着什么？为什么Abby不愿意叫我的真名？ Abby给我起"玩具人"的名字是为了让她和我保持距离，就像她和学校里的孩子们保持距离一样吗？也许"玩具人"与Abby早年失去亲人的经历有关，因为从她的亲生父母家庭到收养家庭的转变可能让她对引入一个新成员，尤其是一个成年男性持谨慎态度，因为Abby没有父亲，生活中也没有几个成年男性。我不知道是否该对Abby说些什么，或者试着解释这个特殊绰号的含义；或者我应该欣然接受自己被称为"玩具人"，然后在我们共度的时间中来逐渐解密它的含义？

我也开始意识到，我的大多数问题都表明玩具人是个麻烦，Abby需要用"把我变成一个想象中的角色"的方式来达到防御的目的。也许我的想法不够准确，在环顾我的办公室后，我不得不承认这个名字是有道理的。也许这与这样一个事实有关：每周有45分钟的时间，我和Abby进入一个假想的地方，在那里通常的规则与限制不大适用。也许在这种情况下，我被称为"玩具人"是完全合理的。Abby是一个非常热情的玩家，她喜欢玩充满活力的球类游戏，并开始尝试使用我的一些假扮玩偶。然而，当她试图用这些假扮玩偶来展开故事时，她提供的信息却省略了细节，使得我难以理解。例如：

这是妈妈和爸爸，而这是婴儿们。他们要一起去旅行。他们在飞机上飞行。妈妈抱起婴儿，搂住他们。她告诉婴儿们她有多爱他们，并把他们放在座位上。他们现在回家了。午饭时间到了。

Abby刚刚成为一个讲故事的人，而她的故事却是支离破碎的。婴儿和妈妈在飞机上飞行，显然这具有象征意义。但她的游戏缺乏细节，她很少遵循某种顺序。这些婴儿是从哪里来的？他们要去哪里？他们怎么总要飞来飞去？

我试着理清Abby故事的意义，通过问她问题来引出更多叙述性的细节，然而收效甚微。Abby通过让我去收拾玩具来回应我，然后告诉我，我把它们放错了位置。我试图理解她的行为，我的干预包括一些巧妙的评论，比如"每当我问你一个问题时都会担心我打扰到你了"，或者更好的是"我很好奇你也会用这种方式与其他人交流吗？"，Abby会看着我片刻，并露出极度鄙夷的神情。难道我真认为她会对这些评论做出反应吗？所以一般来说我会按照Abby的吩咐做事，收拾整理玩偶、摆放建造玩具。我意识到自己面临着纵容Abby的风险，而这只会加剧她变得沮丧并大发脾气的倾向。但是当想到她的游戏既迷人又令人困惑，我也会思考她的行为：她在我的办公室里如此控制一切，在其他地方却又如此失控。我感觉有必要与Abby共同进入她的世界，并帮助她理解自己正在感受什么和试图表达什么。也许这样一来，她可以在与我的互动中稍微释放一些压力，在与其他人相处时少一点束缚。

随着彼此了解的增进，我们的象征性游戏开始了。Abby详细指导我去使用我的玩具收纳箱，小心地清空里面的东西，建造一座有两扇门的守卫森严的房子。Abby将我的几个玩偶和一个娃娃一起放进房子里。她让我待在房子外面，有两个玩具熊陪着我。在这几个星期里，Abby让我们演绎了一个场景：我的玩偶试图进入房子，但被拒之门外。有时他们会被逗弄：Abby承诺给他们好吃的，结果却微笑着将大门狠狠关上。在这一点上，我们关系的呼应性引起了我的兴趣，然而故事逐渐展现出来的新结构更让我感兴趣。这是第一次，我可以很容易地跟上Abby故事的情节，虽然它们很简短，但我相信更多的细节会随之而来。

接下来，Abby让我扮演两只小熊玩偶，他们相爱并打算结婚。然而，他们即将到来的婚礼被住在隔壁房子里的一位老太太阻止了。这位老太太邀请了小熊女士来她家，并把小熊女士变成了一个小宝宝。作为一个婴儿，这只小熊完全不记得自己的未婚夫，并且同这位老太太生活在她的家里，并由她照料。与此同时，未婚夫小熊拼命地想靠近爱人。他敲窗户、试图给她打电话，并恳求老太太放她走。但这一切都无济于事，因为那位老太太命令他离开她的房子。失望之余，未婚夫小熊沮丧地离开，在老太太的房子周围徘徊着。很快，住在守卫森严的房子里的女士，也就是我们慢慢了解的那位被称为公主的人，向这只小熊提供了一些新信息。

公主：你看，她并不是你真正的妻子。

小熊：嗯？

公主：她不是你的妻子。

小熊：那她是谁？

公主：她是你的妹妹。（声音中伴随着幸灾乐祸的感觉。）

小熊：你把她变成了一个婴儿！

公主：（用温柔的声音解释）那是为了她好。你的妻子是另一个人。她长得
　　　和你妻子一模一样，但实际上她却是你妹妹。她在你没看到的时候
　　　被换了。

小熊：那我心爱的妻子在哪儿呢？

公主：嗯。你必须找到她。

小熊：但是在哪里？

公主：那是你的问题。（她冷冷地说。）

小熊：你说这是我的问题是什么意思？你是那个知道所有信息的人。（在这
　　　一点上，我是用一种半恳求、半沮丧的声音问的。）

公主：我已经为你做了我能做的一切。现在，马上！

小熊：这真让人困惑。

公主：去找她吧。

小熊：你能给我点线索吗？

公主：不，我很抱歉，我真的不能。（随即她关上玩具屋的门。）

　　于是小熊离开去找他的妻子。他有点怀疑公主，怀疑她是否全然诚实地讲
述了关于妹妹或妻子的全部故事。小熊四处寻找，但每次他以为自己快要接近
了——看见了熊、一个手镯、一张照片——最后他却空手而归。

　　随着这场戏剧继续展开，公主又提出了一个新要求，她让我去当地的冰激

凌店给她买一些冰激凌。公主并不满足于一个蛋筒冰激凌或杯装冰激凌，而是要买下整个店铺，并将其运回家中。恰巧小熊也想吃点冰激凌，但是每次当他刚好到达店铺时就会发现所有的冰激凌甚至连餐具和店内设施都已被卖光了。他沮丧地请求公主留下一点甜点，但是Abby幸灾乐祸地解释道："店里什么都没有了。"因此，小熊转身离开了。他没了妻子，也不知道去哪里找她，更加雪上加霜的是他连甜点都没有。

退一步看，我对Abby故事的发展感到兴奋不已。我们的会谈直到最近才出现了逻辑连贯的情节，现在已经发展到完整的叙述，有着引人入胜的曲折与反转。这是一段心碎的罗曼史，一个新娘被掳走并被变成了一个小孩。一个绝望的新郎寻找他的爱人，这一切都是由公主精心策划的。她在对自己的放纵和对对手的剥夺中享受着乐趣。我很想知道我们是否正在触及Abby困难的本源，我想对她内在正在经历的感受说些什么。但早期我把Abby的故事和她的感受联系起来的尝试只会让她感到沮丧，我也知道我们还在这个故事的早期，所以我保持安静并继续同她一起玩。

Abby离开了这些小熊，转而玩起了我办公室里游戏屋内的人物玩偶。她兴致勃勃地为我们各自挑选了家庭成员，包括一个母亲、祖母和两个孩子。她为自己选择了一个男孩和一个女孩的家庭，而为我选择了有一对父母、祖母和一个女儿的家庭。我安排好了我的角色，并没有提及我们两个家庭构成之间的差异。

Abby：（用轻快的声音说）现在这些家庭要去旅行了。他们得去机场坐

飞机。

我：他们要去哪儿？

Abby：没人知道。（她的语气中增加了一丝神秘的味道。）

我：没有人？（我扬起眉毛问道。）

Abby：只有一个人知道。

我：谁？

Abby：不知道。

我：但是你刚刚说有人知道他们要去哪里。

Abby：是的，有。

我：谁？（我带着更沮丧的语气问道。）

Abby：我告诉过你没人知道，这是个谜。

我：好……吧……[我像Abbott和Costello（电影《两傻大战科学怪人》
的主角）般回应着。]那么，会发生什么呢？

Abby：让他们为旅行做好准备。

我：来吧，大家拿上各自的东西，你们的手提箱。大家准备好出发了吗？
（家庭成员之间进行了一番交流，他们表示都准备好了。）好了，我们
准备好了。

Abby：车来了，大家都上车。

（全员就位。）

我：孩子们，不管我们要去哪儿，出发吧。

Abby：我们现在在火车站。

我：我们不是要去机场吗?

Abby：不，他们改变了计划。他们要坐火车。

我：（我停顿了一下，接受了计划改变。）大家上车吧。确保你带了你的手
　　提箱和任何你需要的东西。

（这些家庭现在正坐在火车上。这时，其中一个宝宝走到我家的小女孩面
前，开始和她玩。）

Abby：走，走。嘎嘎，走!（Goo-goo.Gaga. Googoo.）

我：嘎嘎走，嘎嘎走（Gagagoogoo.Gagagoogoo.）

Abby：哈哈哈。嘎嘎，嘎嘎。

我：嘎嘎。嘎嘎，哈哈哈哈!（Gaga, Gaga.Hahahahaha.）

Abby：哈哈哈!嘎嘎。（Abby模仿起母亲的声音）来吧，亲爱的。过来，
　　你该睡个午觉了。

我：（模仿家里母亲的声音）你太可爱了。走吧，你可以和你的朋友玩一
　　会儿。

（母亲们把各自的孩子放在卧铺车厢里小憩了一会儿。）

Abby：哦，我听到他们现在醒了。

我：他们不是刚刚才睡着吗？

Abby：没有，已经睡了好几个小时了。他们很累。

我：好的。亲爱的，我来了，我很高兴你有机会休息。（我去抱回我的孩子，回到火车的主车厢。）

Abby：那不是你认识的她。（十分肯定地说。）

我：什么？

Abby：那不是她，那不是你的孩子。你的孩子是另一个宝宝。

我：（心想，"又来了"。）一个不同的孩子。

Abby：是的。

我：你是什么意思！怎么会是另一个宝宝呢？我刚把她从婴儿床里抱出来。（我指着火车上的假婴儿床。）

Abby：但她的确不是你的孩子。

我：她看起来就像我的孩子。她穿得像我的孩子、听声音像我的孩子，甚至闻起来都像是我的孩子！

Abby：她不是你的孩子。

我：你一定是在开玩笑。

Abby：没有。我已经告诉过你了。我没开玩笑，她被调包了。那是另一个
宝宝，可能是她妹妹。你的孩子现在在别的地方。

我：但是她没有妹妹。

Abby：不，她有。她和她妹妹对调了，她们看起来很像，她们是双胞胎。

我：但是我需要找到我的孩子。（我声音紧迫，传递着我的关切。）

Abby：你不能。

我：（哀怨地提高声调）你什么意思？！我不能？！我必须这么做！列车长，
让火车停下来！火车先生，你能帮我吗？这不是我的孩子！我不知道
我的孩子在哪！请帮帮我！

Abby：他们帮不了你。他们忙着开火车，确保一切运转正常。你得自己去
找她。

我：但是她会在哪里呢？

Abby：看看四周，也许你能找到她。

我：（到处寻找，但一脸沮丧地转过头来。）我不知道她在哪里。

Abby：哦，是她。她回来了。

我：但那是同一个孩子。（我把每个音节都念出来以示强调。）

Abby：不，这是她，她被换回来了。那是你的孩子，另一个孩子是她的双
胞胎妹妹，她已经不在这里了。

我：但是她怎么会有一个双胞胎妹妹呢？为什么我不知道呢？

Abby：这是个秘密。（现在轮到 Abby 音节清晰地发声了。）

我：（叹口气，转向婴儿床里的婴儿。）我很高兴你回来了。我到处找你，
　　你还好吗？（我让孩子发出一些放松的婴儿声。）

Abby：又不是她。

我：不。

Abby：很抱歉，又是她妹妹。

我：但我一直都在这里呀。

Abby：（用一种近乎官僚的语调）她被换了，她又失踪了。

我：不!

我很想说，我很清楚 Abby 是如何处理自己早年的丧失经历和被收养后的
困惑的；我也很想说，她的游戏反映了她既渴望与亲生父母重新建立联系又对
此感到害怕的心情；我还想说，我了解这个小片段中展现出来的无数兄弟姐妹
之间的议题以及身份和自我的探索问题；但我没有。我只知道，自己扮演着一
个家庭中的多重角色，在一趟变幻莫测、前往未知目的地的火车上不断更迭。
我感到困惑并且越来越沮丧，所以我试图找回一些控制感。

我：（用生气的口吻说）她不可能被调换，这是不可能的。

Abby：但我告诉过你她确实被换走了。（她用最平静的声音说。）

我：证明给我看。我一直在看着她，我知道她就是我怀里的那个孩子。事实上，自从她从午睡中醒来，我都没把她放下来过。她没有被换走。

Abby：很抱歉，那不是同一个孩子。

我：我随身带着她的出生证明，上面有她眼睛的颜色、头发的颜色和可识别的特征来确认她的身份。上面说在她的右前臂有一个胎记，你可以看到这个婴儿的手臂上也有同样的胎记。（我得意洋洋地看着 Abby。）

Abby：（漠不关心地看着我）她们看起来一模一样，但那不是她。

在发现无法改变这个故事情节之后，我采取了另一种方法，将剧情转向一个更舒适、更直截了当的方向。

我：（用一种权威的口吻）我是列车长，我是来调查失踪婴儿的。我想我们知道她在哪里了。

Abby：你觉得自己在做什么？

我：我是列车长。

Abby：不，你不是。

我：我是，这是我的列车长徽章。

Abby：让我看看。嘭！！发生了一场事故，列车长死了。

我：他不可能死的。

Abby：让我检查一下他的呼吸。他没了呼吸，他死了。你只能自己去找孩子了。

我：等等，我给助理打电话！

Abby：嘟嘟嘟……这里的电话都不通。

我：不可能。一定有办法能联系到可以帮忙的人！

Abby：很遗憾，没人可以帮忙。

在接受了我的宝宝被调换的事实后，在游戏中我有了个新主意，就是让一些外面的人帮我找孩子。有时在游戏中添加一个新角色会非常有帮助，因为它提供了一种新的方法或者角色来拓展游戏。那些角色一定程度上可以代表一个人自身不同的部分，因此可以通过添加一个新角色呈现孩子内心深处的一个部分或者代表孩子生活中可能未被呈现的人物来丰富整个游戏。这是我对游戏这部分的想法，但Abby完全不同意。她的反应令人难以置信，她迅速摒弃了我的新角色。

我和Abby的大部分工作都是顺势而为。我已经接受了由她告诉我该怎么做，以及指出我的不足。我不得不放弃过多的评论或提过多的问题，转而首先思考Abby将会如何回应。我甚至放弃了我的名字。事实上，这些都相对容易，因为它们都是我有意识和深思熟虑下做出的决定。随着Abby故事的发展，挑战也越来越大，现在我毫无头绪，不知道Abby游戏的意义，甚至也无法预测接下来会发生什么。我和Abby在婴儿被调换问题上的权力斗争，再加上我对一个六岁孩子使用"可识别的特征"这类术语，这些都表明我当时到底有多难。

毫无疑问，儿童治疗中最具挑战性的方面之一是耐受游戏中的一些时刻或是那些看似毫不相关或曲折到令人费解的对话。作为成年人，我们倾向于以线性的方式来说话，而不遵从这一原则的成年人通常被诊断为精神病，除了少数人被认为是具有积极创造力的幸运儿。当我们和儿童一起工作时，儿童可能会以一种更自发和开放的方式体验世界，因而工作中会有一股很强的张力要将故事和想法拽回到符合成年人逻辑和习惯的方向。为了强调这一点，我在讨论的第一部分谈到了我很高兴看到Abby的游戏变得更有条理性和线性。话虽如此，但游戏或对话可能会转向不同的方向，而治疗师或者其他成年人需要跳出自己的世界，与孩子共同探索他们的世界。

这一跨越极具挑战性。进入一个孩子的世界也至关重要，在那里一切皆有可能。这一跨越让一切奇幻的冒险和人物成为可能：它让Snoopy（一只自认为是英勇战斗机飞行员的小猎犬）、Winnie（一只因为某种原因以"小熊维尼"的名字命名的熊）和一只兔子、一只长颈鹿，还有一个叫Heffalump的家伙住在森林里；它让一块海绵和一只海星成为最好的朋友并且共同创作傻乎乎的歌曲，消耗数量惊人的垃圾食品，偶尔从一个疯狂的浮游生物那里拯救深海；它让一个名叫Harry的孤儿意识到他是一个被选中的巫师和英雄。换句话说，这个最困难的跨越同时也有着令人难以置信的紧张刺激与魔力。

我真希望当时我能对Abby的火车游戏有不同的反应。如果当时我只是顺着情节走，就可以更多地了解和探索Abby对自己家庭变动的想法和感受。但是，我对明确性的渴望在那时驱使着我。幸运的是，孩子们很宽容，在我犯错不久后，没有等太久就又重新回到了这个游戏里。接下来的那周，Abby来到我的办公室并告诉我要从橱柜里拿出哪些玩具，我们马上又回到了关于火车的游戏上。我和我的孩子一同旅行，这次他们再次被调包后交到我手上。这一次，我知道不应该同故事线抗衡。我允许我的角色绝望地寻找自己的孩子，并应对旅途中持续发生的调包和疯狂事件。在接下来的几个星期里，我们都持续围绕这个主题，继续演绎失踪儿童的故事。关于这个游戏，我考虑过各种相关的假设：Abby作为一个被收养的孩子是否将这些体验置换到了故事中？她是否认同了自己的生母，并试图理解和合理化某人是如何放弃她的？还是说这是关于养母的故事，她曾经很难理解Abby，并且担心Abby只对其亲生父母或者"真"父母感兴趣？

Abby的暴怒和在家里忍受挫折的能力都有了提高，她和其他孩子的关系也有了改善。部分源于她妈妈的改变：忽略Abby脾气爆发，转而专注于她们可以共享的愉快体验来建立她们的关系；另一部分则源自我和Abby的共同努力。不管这个游戏的确切含义是什么，Abby肯定是在表达她对自己过去的感受，以及她对当下掌控感的强烈需求。在会谈中我能给予Abby的控制权越多，她在治疗之外就表现得越好。

不过，我还是想知道在我们的治疗会谈中发生了什么。当然，我的一些烦恼源自我对于了解和理解的渴望，但我开始把我的挫败感视为一条线索。也许我需要感到迷失和疏离，或许这就是Abby在奋力搞清楚自己的历史和无根性（unrootedness）时常常经历的体验。也许她年轻生命的全部意义就在于学会处理意外事件。Abby 出生在一个她不认识的母亲身边，出生在地球另一端的国家，这说得通吗？她不知怎样就从罗马尼亚的一小村庄来到了纽约，由一个陌生人收养，这个人还成为她的妈妈，这说得通吗？还有一个比她大几岁的女孩，她们有同样的经历，现在是 Abby 的姐姐，这又说得通吗？或许这就是我需要习惯的。我意识到是时候重新看待我的混沌不清了。这些相当荒诞的故事是 Abby 编出来的，它本身不是为了让我困惑。事实上，它们反映了 Abby 自己的困惑。她是那个被调换了的人，她不得不习惯一个不同的父母和一个神秘的姐妹。她是那个通过漫长旅途远道而来加入到这个新家庭中的人。她是那个必须搞清楚这一切的人。或许，这正是她在我们的治疗中试图与我一起做的事情。

我还想到和 Abby 在一起有多开心。对于一个控制欲很强的孩子来说，她很率直而且她的游戏充满了活力。在我们的会谈中，我感觉就好像是在和家人或朋友一起玩耍。也许这种感觉告诉了我，Abby 试图在我们的会谈中有效地填补着一些空隙。在火车游戏的那个场景中，我的家庭有父母，但 Abby 的家庭没有父亲，这与她游戏中的其余部分是平行的，即只有母亲的角色，也许我是在会谈中为 Abby 填充了这个角色。Abby 和我显然在我们的游戏中开辟了一个特殊的空间，因为我们在其中可以非常放松地互动。当然，有时我们也会争吵和惹恼对方，但谁不会呢？

与我们关系的变化相呼应的是，我和 Abby 带着各自的家庭成员离开火车的场景，我们以一个王国的王子和公主的身份开启了我们的下一段探险之旅。我们回到地毯上，用城堡、娃娃、玩偶和空的彩色储物箱制造了一个想象中的王国。这个王国是由几乎缺席的国王和王后所统治，但王子和公主之间的关系占了主导地位。公主非常善于讨好国王和王后，她命令王子帮忙准备国王的宝座，安排午餐和晚餐以及打扫宫殿。当然，王子提出了抗议，但却无济于事。因为公主总是为所欲为，而王子总是受到训斥。公主时不时地给王子一线希望，允许他对一些宫廷卫兵发号施令，偶尔让他坐在宝座上，但公主最终总是收回她的恩赐，并且嘲笑王子陷入到那种不断出现希望而又最终遭受挫折的可预见的循环中。

一天，王子和公主停止了争吵，成为盟友。国王和王后出城了，敌军正准备向城堡进军。公主很担心，她向王子求助。碰巧那天的会谈中Abby带了一堆小熊软糖、毛毛虫软糖和酸甜小子*。王子建议用糖果组建一支军队，公主很喜欢这个建议。我们作为将军领导了小熊软糖军队、酸甜小子坦克部队和毛毛虫软糖空军潜艇指挥官们，轻松地击退了入侵者，王国安全了。公主对王子好感顿生，称赞他的计划，并把这件事记录在王室日记里。最后，王子收到了整个皇宫的赏识与拥戴。

公主的友善是短暂的。国王和王后一回到王宫，她就把发生的事情告诉了他们，并将全部作战计划和最终的胜利归功于自己。当王子要求阅读王室日记时，他发现这部分条目已被更改，他的挫败感再次增加。尽管遭到背叛，王子和公主之间的关系开始发生变化，公主仍旧不时地赞美王子，并与王子成为

★一款流行的软糖。——译者

朋友。与此同时，在我们的治疗之外的现实世界里，Abby 同她的母亲和姐姐去英国度假了。她此行的亮点之一是吃和购买 Smarties 糖果，这是英国版的 M&M*。Abby 带着令人难以置信的灿烂笑容来到会谈中，她高举着一个用巨大的塑料管装的糖果和我分享。当 Abby 送给我几颗英国的糖衣巧克力时，我无法完全描述出自己有多开心。Abby 现在已经七岁了。"哇，"我想，"也许事情正在改变。"

在接下来的几个星期里，Abby 继续投喂我，她每次都带两份零食，我们每人一份。我们的会谈会从游戏中开始，在某个时候，她会跟我确认我们是否留有足够的时间吃东西。那个曾经对我颐指气使的女孩现在很关心我，她给我饼干、布朗尼蛋糕和小熊软糖。我们会坐下来，一边享受糖果，一边轻松地交谈。Abby 通常会多要一块我的零食，我很乐意分享回去，完成我们"喂养"和分享的循环。

与此同时，在我们的游戏中，公主开始与王子分享假想的礼物和糖果，尽管王子接受了这些礼物，但他还是很谨慎，因为他质疑公主的动机和可信度。

公主：哦，王子，来吧，我们去野餐吧。今天我为我们准备了最美味的午餐。我刚从厨房预定了它。（Abby 拿出玩具厨房和食物，并在地毯上摆好。）

---

*Smarties 和 M&M 都是糖果品牌。——译者

王子：（用顺从的声音）当然，殿下，我马上就到。

公主：这很可爱，不是吗，哥哥？（她非常愉悦地说。）

王子：（平淡地说）实际上并不是。

公主：（保持愉快）噢，来吧，请你开心地享受野餐吧。

王子：当然。（咬紧牙关说道，）太棒了。

公主：哦，亲爱的。（她皱起脸。）喝点汤吧。

在厌倦了王子的态度后，公主决定亲自解决问题。她咨询了一位魔法师，他给公主提供了一个能让王子喜欢她的咒语。

公主：（欢快地微笑着）来吧，哥哥，该吃午饭了。

王子：（用暴躁的声音回答）来了，来了。我在这里。

公主：来，吃点鸡肉和意大利面。

王子：谢谢。

公主：嗯。（公主施了咒语。）这不是很好吗？（她满怀期待地对我微笑着。）

王子：（一时有点不知所措）为什么？嗯，嗯，是的，很好吃。这是一顿很
　　　棒的午餐。妹妹，这些都是你自己做的吗？这简直太棒了！

公主：是的，是我做的。

王子：你太有才华了，公主。有这样一个优秀和聪慧的妹妹是我的荣耀与
　　　幸运。

公主：哦，没什么。（她耸了耸肩。）你只管享受吧。（Abby咯咯地笑。）

王子：我记得我有好久没这么开心过了，你做了一顿很棒的午餐。

公主：你知道这些菜我是怎么做的吗？我亲自挑选的。

王子：哦，它们太棒了！简直令人难以置信。（王子看起来很困惑。）

公主：怎么了，王子？

王子：我不知道。我只是感觉不太舒服。发生了一些奇怪的事情，但我不知道是什么。也许是因为我吃的东西。

公主：哦，别烦恼了，吃你的午餐吧。

王子：（咒语开始消失，我怀疑地看着Abby。）发生什么了？

公主：没什么，我们正在吃午饭。你刚刚还在跟我说一切都好极了。

王子：我在告诉你什么？！（我睁大了眼睛。）

公主：你很喜欢我的午餐。（她露出灿烂的笑容。）

王子：你在笑什么？

公主：没什么。

王子：好吧，你这次又在搞什么阴谋？我了解你，一定发生了什么事。

公主：（Abby告诉我她重施了咒语。）你现在感觉怎么样？

王子：好极了。感觉从来没这么好过。今天真是美好的一天。能和妹妹在一起真好。我们得经常这样做。

公主：是的，哥哥。你想喝点茶吗？

王子：这个主意听上去不错。

公主：是的。（她又笑了。）谢谢你。给你，你想要哪一杯？

王子：哦，你觉得哪个最好就要哪个。

公主：我给你那个蓝色的，给你。

王子：谢谢。嗯，它真美味，这是我喝过的最好的茶。

在接下来的几次会谈中，公主继续用咒语来愚弄王子，让他喜欢她，而困惑的王子告诉公主她有多棒，接着他又恢复了执拗的言行。虽然Abby一直用这种典型的方式戏弄我，但王子和公主之间的关系却在不断发展。然而，为什么要要这些把戏呢？为什么不能持续善待王子呢？

另一方面，为什么我，作为一位王子会如此暴躁？公主试图用一种更友好和温和的方式来对待拒绝被她改变的王子。更让人困惑的是，在游戏之外，我完全接受了Abby想和我分享和共度时光的愿望。我没有拒绝她的零食或她的谈话。我很欢迎它们。

在接下来的游戏阶段中，Abby和我轮流扮演王子和公主，或兄妹。我们是典型的兄妹，相处愉快，偶有冲突。这一次参与我们游戏的是一位坚定而忙碌的母亲，她筹备野餐、在皇宫里主政，并帮助化解孩子们之间产生的问题。兄妹都遵从她并努力保持在母亲心目中的好形象。这是第一次，这对兄妹成为家庭整体的一部分，并由一个明确负责、乐于助人、公平地照顾两个孩子的母亲引导。这个主题与 Abby 母亲报告的家庭生活相呼应。因为 Abby 在行为方面持续改善，她们更容易交谈，最重要的是情感上也更加亲昵。

在我的支持下，Abby 的母亲主动决定把她转到一个更有滋养性的学校里，为 Abby 的情感与学业方面的发展给予更少的压力和更大的空间。Abby 欣然接受这次转学，表面上是因为她对自己的新校服印象非常好；然而从另一个层面上来说，让她感到抚慰的是母亲明确而坚定地为她提供一个适当的成长和学习环境所做出的努力。所以，在我们游戏的小世界里，一切似乎都友爱而平静。母亲和她的孩子们都很开心，Abby 在家和在学校都表现得很好，而在会谈中，我们也很享受这一充满想象力的游戏的节奏性和丰富性。事情进展得如此顺利，我开始思考在我们的会谈中还需要完成些什么。像往常一样，当我们坐在地毯上开始我们作为兄妹的最后一餐时，Abby 即将让我知道我们还有工作要做。

Abby：来，我们开吃吧！你想要一个三明治还是一块鸡肉？我要吃鸡肉，还有这块美味的蛋糕。

我：我没那么饿，我想来块三明治和一些水果。

Abby：（急切地问）你知道谁回来了吗？

我：谁？

Abby：你为什么不试着猜一下呢？

我：哦，拜托，我永远猜不到的，告诉我吧。

Abby：好，我给你个提示——一个我们很久没见的人。

我：我不知道。

Abby：很长一段时间没见的人。

我：我还是不知道。

Abby：他已经12年没回家了。（现在她在笑。）

我：（困惑地看着她）12年？ 12年？ （现在我难以置信地看着她，嘴巴张
得大大的。）不！这不可能。

Abby：爸爸回来了！

我：他什么时候到这儿的？他到底去哪儿了？

Abby：他说过会告诉我的。他说他会向我解释一切。

我：他什么也没跟我说，我都不知道他回来了。

Abby：（用理解的目光凝视着我）哦，别为此烦恼。他回来了，你就高兴
吧。我们上次见他已经是12个月前了。

我：你是说12年前吗？（我专心地说。）

Abby：是啊，他走的时候我才一岁，现在我13岁了。那时我只是个婴儿。
（她做梦般地说。）

我：他到底在哪儿？

Abby：他准备走了。顺便说一下，我们要去迪士尼玩一年。很抱歉，你不
能来。

我：为什么？我是这个家庭的一员！

Abby：是的，我知道。但抱歉，我们一年后会回来的。

我：你怎么能在那里待一年呢？你要去上学。

Abby：是的。我要去迪士尼学校。哈哈哈！

我：学什么，学米老鼠吗？

Abby：（咯咯地笑）这是学校，跟普通学校一样，只不过米老鼠是你的
　　　老师。

我：米老鼠教什么？

Abby：数学。

我：那唐老鸭呢，他教什么？

Abby：阅读。

我：（讽刺地问）他都不会说话，怎么能教阅读呢？

Abby：他教阅读。大家快点，我们得走了。让路！

　　于是一个父亲的形象终于出现了。我记得我们早期的会谈中谈到火车，以
及我的家庭中有一个父亲，而Abby的家庭一直都没有。在他离开时妹妹还很
小，感觉与父亲更亲近；而哥哥（即我扮演的角色）却变得疏远，因为他的年
龄已经足够大了，更能够体会到这12年间失去父亲的痛苦。这个片段有很多不
同的解读方式。我更想关注在所有困惑和诡计之下，Abby如何设法编织出一

个全新的故事情节——涉及父亲和他长时间神秘失踪的原因。尽管遗弃和拒绝是主题，但妹妹还是愿意和解，这与Abby日渐发展起来的处理她自己故事的能力相呼应。

Abby在这个主题上停留了几节会谈，而我则在努力寻找我的家人：偶尔有成功的时刻，例如我设法搭乘一班去迪士尼的航班，千方百计地找到了他们；当然最终结果是失败了，比如后来因为我没有携带正确的文书而被迪士尼驱逐了。

这些会谈为Abby提供了与我一同探索的空间，当她思考自己的历史以及她在新旧家庭中的地位时，她会产生不同的感受和愿望。到目前为止，她的专横几乎完全从我们的会谈中消失了。当我同Abby探索她的根，探索她对流离失所和归属的感受，以及她既希望与她的过去有连接，又想专注于她现在的家庭时，我感到了和Abby之间的联结。Abby的妈妈和我见面时再次讨论了继续治疗的必要性。我们决定，当Abby在探索这些深奥的主题时，我们会继续下去，因为她似乎能从中受益，虽然和她互动时这些主题的呈现是内在的，但这些心理维度对她的发展非常重要。与此同时，我们也谈到Abby可能会在某个时候开始不愿进行她的治疗，因为她已经到了许多孩子开始意识到他们要去看心理治疗师的年龄。上次我考虑结束治疗时，Abby引入了一个父亲的角色。现在我不确定我们是否要逐渐结束治疗，又或者Abby会带来一些全新的东西。

她两样都做了。

　　两年来，Abby第一次利用我们的会谈来演绎她在学校遇到的相当典型的日常情景，没有幻想和隐喻。我们的设定切换到了一个想象中的学校场景，主要角色包括一群非常专横但受欢迎的女孩、一个刻薄的体育老师和一个情绪化的校长。这些会谈最有趣的地方可能在于它们如此现实，并且很容易理解，这很可能反映出Abby正在经历一种发展性转变，她开始从幻想和虚构世界走向一个保持想象力但更线性的、现实的世界。或者说得简单点，Abby正在告别仙境中的公主和王子，并迎接日常的学校生活及各种压力。我们能够直接处理关于适应、受欢迎度以及同学间派系和恶意问题等方面的议题。通常会有半喜剧般的时刻，我的某个角色通常会被她剥夺立足之地，但除此之外，这个游戏是异常清晰明了的。我当然也感觉比平时更为理智，但我们的游戏中缺少了些什么东西，它不再像我们之前的会谈那般具有创造力或神奇的特质。经过这段时间后，现在我怀念起曾经困惑的状态。无论如何，夏天即将来临，Abby要去寄宿夏令营，我们计划在夏天暂停一段时间，等Abby回来后在秋天恢复会谈。

　　但是Abby有不同的计划。

　　几周前当我说Abby总有一天会告诉我们，她已经接受了足够的治疗时，我以为这应该是几个月后才会发生的事。然而不久之后，我接到了Abby妈妈的电话，确认了我们的治疗即将结束。Abby没有给出任何特定的离开理由，她只是说不想再来了。我在脑海中回顾我们的最后一次会谈，除了Abby想约一个朋友一起玩让我有些困惑之外，我并没有发现什么问题。这种情况经常发生，并且从未成为结束治疗的导火索。我和Abby的妈妈商量决定让Abby再见我几次，看看她的感受，并随后做出关于治疗是否继续的决定。如果说那时候我从Abby那里学到了什么，那就是无论我的计划多么用心良苦、多么合理，它们都具有局限性。下一次会谈时Abby来了，但是我们几乎没进行游戏。她画了几幅画就结束了。没有游戏，没有幻想。我也不再是一位王子、兄长、孩子或是校长。

在这次会谈之后，Abby对于参加下一次会谈表达了强烈的不满。她的母亲也给我打电话，寻求关于如何推进的建议。我建议我们按计划再进行几次会面，尽管我也强烈认为Abby不应该带着对她的治疗经历的糟糕体验结束治疗，这种感觉很可能会持续下去。我知道无论做出什么决定，在Abby未来的生活中总有恢复治疗的可能，而如果她以消极的方式结束我们的工作，这个选择很可能会被破坏。另外，我觉得Abby过去的经历使她很容易在成长过程中感受到失落，我担心她会在围绕着拒绝和抛弃展开的剧情中结束治疗。我担心Abby实际上是在试图扭转她自己与父母分离时可能感受到的一些情感。最重要的是，我想知道我们的关系怎么了，为什么它会如此迅速地破裂了。

Abby非常困难地再次回到会谈中，然而她几乎不和我说话。这是暑假前我们的最后一次预约，Abby怀着极大的热情计划着参加寄宿夏令营。我告诉她，我意识到她对来见我的看法和来赴约的感觉变了，我希望在暑假结束后我们可以谈谈这件事。我祝愿她度过一个愉快的夏天，希望她在营地骑马和剧院表演时能玩得开心。两个月前，Abby曾经兴高采烈地向我讲述了她去夏令营的计划和她想尝试的活动。现在，她一句话也不说。暑假结束后，我与 Abby 的母亲联系并听说 Abby 度过了一个美好的夏天。她交了很多朋友，并且非常期待开始上学。同时，我也听说她没有打算回来见我。那该怎么做才对呢？我是否应该推动 Abby 继续接受治疗并去修通阻抗？她想要离开是否反映了她在丧失方面的关键问题，而我需要帮助 Abby 解决这个问题，以便随着她长大，她能够拥有更为健康的人际关系？我能否允许孩子自己决定是否进行治疗呢？这难道不是在给控制欲很强的 Abby 传递错误的信息吗？

阻抗是每一个治疗中都会遇到的情况，最好的方式通常是坚持下去，并希望能通过逆境强化关系。如果我每次都因为孩子的反对而停止治疗，那么我与大多数孩子的工作都将提前终止。但有时候不听取孩子的声音可能又是一个错误，这个过程也具有破坏性。如果 Abby 在学校或夏令营遭遇了灾难般的经历，我的决定就会容易得多。但她没有遇到这样的问题，她在各方面都非常优秀。也许，我能做的最好的事情就是允许她以一种合适的方式结束治疗，为 Abby 挽回面子，如果她愿意，未来可以回到治疗中来。在治疗中，我已经很多次将控制权让渡给了 Abby。她需要控制治疗的开始、中间和现在的结束。而我已经意识到给予她这种控制权总是最好的选择。Abby，这个几乎对自己的分离和丧失没有发言权的孩子，需要在重要的结束时期拥有掌控权，我应该尊重这一点。也许我不应该与她进行控制权的斗争，而是应该退后一步，尊重她的声音。也许这正是她在过去几个月的治疗中一直努力实现的目标。我与 Abby 的最后一节会谈是很困难的。她母亲和我约定，在夏令营结束后安排时间告别，尽管 Abby 必然会感到不舒服，但它非常重要。我知道跟别人说再见对于 Abby 来说很困难，而且她只是简单地希望不再见到我。我还知道，在所有这些背后，在同我工作两年后，这个八岁的女孩对于结束工作会感觉极度脆弱。然而一个告别虽不完整，却十分必要，因为我想让Abby知道我还是很希望能继续工作下去，在她离开后我不会消失或崩溃。我还会在这里，在我的办公室。我愿她前程似锦。如果未来需要我的帮助，欢迎她随时回来。我也会和她待在她自己的内在世界里，在过去的两年里，我们在那里度过了许多时光。

在Abby和她的保姆最后一次按响门铃后，我去等候区接她。她躲在保姆身后，不想进我的办公室。我告诉她我理解，并希望她能进来，但是我可以等到她准备好了再进来。她不愿意跟我说话，所以我决定给予Abby一些空间，几分钟后再回来。大约五分钟后，在保姆的鼓励下，Abby走进了我的办公室。她坐下来，但把头转向了一边。我对她说话，讲述我们曾经共度过的时光。我记得我们玩过的所有游戏和创造出来的角色，记得我们分享过的零食——Smarties糖果、饼干和美味的小蛋糕，她常带这些给我。对于我们共同度过的时光，我觉得非常愉快而且很有意义。我告诉她，我会一直记得我们的会谈是独特的，我会想念她的。我知道，她即将要去做其他她想要做的事。我明白现在是时候道别了，并且知道道别是非常难的事。

Abby将目光移开，所以我决定安静下来，陪她坐几分钟。她只是站在那里，脸朝下，而不是转过身去。所以我想，我一定能说些什么或做些什么来扭转局面，我绝不能让治疗就这样结束。在经历了几分钟的一再失败后，我回想起我们的第一次会谈，我几乎没有什么可说的，我是多么努力地想要弄清楚治疗过程中发生了什么。我想起了和 Abby 一起工作时学到的一课。对我来说，给她空间，最终使她对于未知感到舒适是多么重要，是时候接受这个事实了：治疗会这样结束，以 Abby 的方式结束。而我必须相信，或许自己是愚蠢的，事情这样发展是有原因的。所以几分钟后，我看了看表，告诉 Abby 我们的治疗结束了，是时候说再见了。保姆戳了戳她，于是 Abby 递给了我一个包裹，里面有一个盒子和一个装饰性的大号棒棒糖束。我向她道谢。她看着地板。她正要离开时，我用棒棒糖示意她，问她是否愿意拿一个，因为我真的有很多。她抬头看了一秒，然后又低头看着地板。又这样做了两次后，她试探性地走过来，看着我给她拿着的棒棒糖，在不同的颜色中进行抉择后，她选择了一种，然后开始往外走。我再次告别时，她转过身来，手持棒棒糖，向我挥了挥手。那不是最热情的挥手，事实上它的幅度相当小。但是，这个挥手是朝着事情结束的方向发展的。我把它看作我们结束的黑暗空间中的一点光明。至少 Abby 最后能看着我说再见了。

我拿着盒子坐下来并打开了它。这是 Abby 妈妈送的一支非常可爱的钢笔。我想了一会儿关于最后一次会谈、关于过去两个月以及过去两年的治疗经历。Abby 和我经历了一段漫长的旅程：我们坐过令人费解的火车；演绎了小熊之间一段注定失败的童话般的浪漫故事；建立了一个由糖衣军团守卫的王国；最后，我们遇到了一些家长，他们在会谈的早期阶段缺席了。在那段时间里，Abby 从对我颐指气使，到变得容忍我，再变得享受我们在一起的时光，直到她决定离开。至于我，我已经充分认识到作为 Abby 旅伴的重要性和力量，无论这意味着什么，我们无须知道目的地。当我们沉浸在想象中时，我享受着我们关系的快乐和魔力，享受着我们游戏的创造力。最后一次治疗结束时，我坐在那里，想着总有一天我会明白这一切的意义；或者同样重要的是，也许我不会知道。与此同时，我很自然地做了一件事：我开始打开那个亮橙色的大棒棒糖。

Stories from
Child & Adolescent
Psychotherapy

A
Curious
Space

儿童青少年心理治疗的故事　创造好奇的空间

第三章

菠萝队长的冒险之旅

"心理治疗发生在病人和治疗师的区域重叠之处。心理治疗需要两人一同游戏。"

（Winnicott, 1971）

"治疗师不会试图以任何方式引导孩子行动或交谈。孩子领路，治疗师跟随。"

（Axline,1947）

引用Winnicott的这句话强调了治疗关系的美妙，治疗师和孩子搭档来理解孩子的世界并讲述孩子的故事。但是，治疗师是如何开展游戏的？在治疗中，治疗师的游戏倾向在多大程度上是有利于治疗的呢？Axline著名的解决方法为孩子提供了一种基本的尊重，这是将治疗视为一个安全空间，在其中孩子可以探索自己的感受，并在治疗师的帮助下讲述自己的故事。孩子带领，而治疗师跟随。但是，治疗师该如何跟随呢？治疗师在跟随孩子的带领时，还能参与甚至积极地投入吗？如果治疗师认为治疗已经陷入僵局又该怎么办？如果一个孩子无法游戏又该如何呢？

对Winnicott和Axline的引述反映了治疗师的个性和治疗计划在与儿童工作中所处位置的张力。精神分析、非指导性治疗和格式塔学派方法都有很多出色的例子，这些例子表明儿童治疗是一个空间，孩子能够通过游戏和/或言语来表达自己，并在这一过程中修通未解决的冲突、整合自己不同部分并表达那些已经沉睡许久的感受。治疗师根据孩子的要求扮演角色，有时甚至需要询问孩子，治疗师所扮演的角色应该说什么或做什么后再做出回应（Chethik,

2003）。有时，治疗师可能会对孩子的想法或感受进行诠释或反思，做出这些评论确实是积极的干预措施，但治疗师仍然被期待接受孩子的带领。一些治疗师甚至更进一步将自己更直接地置于治疗工作中心。例如，在强调儿童讲述自己故事的同时，像Crenshaw（2006）、Oaklander（1988）和Cattanach（1997）这样的临床医生也引入了一些活动或提供了一些能够唤起孩子共鸣的、有特定情感主题或经历的故事。根据Crenshaw所说，当一个孩子的游戏失去了活力或偏离轨道时，治疗师唤起性的游戏或讲故事可以为工作赋予活力。Van Fleet（2010）解释道，跟随儿童的引领不是被动地遵循儿童所做的一切，而是跟随儿童的意图和情绪表达。本着这一精神，为了发展出一个同儿童的情感体验产生共鸣的治疗空间，她鼓励治疗师既要有趣又要具有唤起性。

从精神分析的角度来看，除了任何诠释都具有明确的议程设置外，人们对于治疗师使用"突破技术"（breaches technique）（即更多地将他自己带入房间）的那些自发性时刻也很感兴趣（Carlberg，1997；Lanyado，2004；Blake，2011）。毫不奇怪，关系取向的临床医生表现出对治疗师使用游戏的兴趣，他们强调无意识沟通在治疗中的作用。Frankel（1998）和Blake（2011）强调了治疗关系的重要性，并回应了Winnicott关于"两人一同游戏"这一概念的特定解释，他们谈到了治疗师积极参与到儿童游戏中的重要性，并突出了治疗师个人的人格和游戏性（playfulness）在参与到儿童游戏中的重要性。Frankel谈到了治疗师人格的重要性，因为它塑造了特定治疗的特质，他将自己的调动活跃性的游戏和他同事使用玩偶和游戏屋的更为安静的对话性游戏进行了对比。Ferro（1999）聚焦于治疗师与儿童之间建立起来的特殊的治疗空

间或领域，通过不同的角色来回应儿童的游戏或绘画，加深儿童游戏中的情感主题，他作为一个演员和故事的合著者跳入了孩子的故事中。虽然这些方法鼓励治疗师的即兴发挥，但对于治疗师自己的创造性游戏的使用仍持保留态度。当然这种迟疑是可以理解的，因为我们试图倾听每个孩子，以便能够在工作中帮助他们发展并提升自己的声音。我们最能够帮助一个孩子的方式往往是通过放手并跟随他来实现的（Kronengold，2010）。

但是，当治疗师决定遵循直觉，开始进入与孩子产生共鸣的角色游戏时，会发生什么呢？是代表重要的主题、人物，还是代表儿童自己人格的各个方面呢？如果治疗师决定成为一个有目的的演员，甚至是某个孩子故事的导演，又会怎样呢？在儿童治疗中，这些积极的立场有什么作用？治疗师自己的创造性游戏能否通过积极地构建一个治疗空间让治疗师可以和儿童一起工作呢？或者，也许治疗师的创造性最好被加以控制，以避免妨碍儿童情感世界的自然展开？

十岁的Ethan悠哉地走进我的办公室，他指着那些书、玩具和一个钟表，不像是在探索，而更像是在标记领地。他结实的体格和洪亮的声音与他进来时的体态相匹配。他家住在纽约郊区，距离我的办公室大约一小时的车程。在Ethan为期三个月的暑假期间，他的家人联系我进行短程工作。他们期望我能与Ethan短暂地工作，为他的家人提供可以在家中使用的方法，并提供可以整合到他在学校接受的治疗服务中的建议。或许这一治疗的咨询特质影响了我抓住更多机会的决定。尽管在一起的时间很短，Ethan对我的观念却产生了巨大的影响。

在我们开始工作的时候，Ethan的父母给了我一摞三英寸*高的纸，上面写满了之前的测评、成绩单和学校评估。Ethan来到这个世界时就面临着发展性的挑战。虽然他很擅长叙述大量的事实信息，但在言语方面一直存在困难，经常会误读日常对话中所使用语言的细微差别。Ethan在感官方面存在困难，如果一个环境太吵、太拥挤或具有视觉刺激时，他就会很容易体验到淹没感。在人际关系方面也同样充满挑战，Ethan对于妥协充满挣扎，并倾向于专注在一些通常同龄人不太感兴趣的领域。Ethan也容易因为最轻微的挑衅、侮辱或日常生活的改变而不安——当他心烦意乱时会大喊大叫、咒骂和打人。在他的郊区学校环境中，Ethan的语言和学业需求得到了专家的支持，他加入了一个课后小组来发展他的社交技能。为了帮助他处理行为上的困难，Ethan还接受了一位精神科药理学家的药物治疗。他的父母希望我能和Ethan一起工作，提供育儿方面的帮助，以更好地管理他的行为。从与Ethan的会面和对他的解读中，我发现他强烈的反应表达着他的一种内在体验，那便是"太多了"，以至于他无法掌控。对Ethan而言，悲伤、沮丧和兴奋，实际上所有的情感都以大而明亮的霓虹灯字母的形式显示着，没有太多中间地带，因此Ethan经常感到被淹没，就像他让父母和老师感到被淹没一般。看着面前那一厚摞文件，我明白了那种感觉。

通常，在第一次会谈，我是见孩子的父母，借此我可以了解一些背景情况，然后父母和我可以决定是否继续进行工作。在Ethan这一个案中，我掌握了丰

★1英寸约等于2.54厘米。——译者

富的背景信息，而且由于我工作的一部分包含了支持这个家庭，我想看看他和他的父母是如何互动的。所以，我决定首先会见这个家庭，让我有一个机会在和他们谈论 Ethan 的行为的同时，也给他们一个游戏和互动的空间。我意识到，用一节会谈让我观察他们，对一个家庭来说可能是令人生畏的，因为父母会觉得他们好像在被仔细检查自己的错误和缺点。尽管如此，Ethan 的父母开诚布公且勇敢地进入到我的办公室并舒适地安顿下来。Ethan 仔细地看着我。我鼓励他们开始玩，他们真的开始玩耍起来。Ethan 躺在父亲的背上，而他的父亲则是匍匐着让 Ethan 把他当马骑。这真是一副壮观的景象，我能感受到 Ethan 欢乐时的兴奋，他大笑大叫着："好马*！好马！"这让人感到疲惫，他的父亲最终累趴下了，而 Ethan 还在喊他的"马"继续前进。同样，Ethan 也在妈妈身边，先是玩玩偶，接着很快变成了拥抱妈妈，高兴地跳到妈妈身上。看着 Ethan 和他的父母，很明显，这个家庭里充满着伟大的爱。然而面临的挑战是如何帮助他们引导这份爱，这样 Ethan 就可以开始学习表达自己的边界和限制，同时让他的父母在爱他的同时也让他知道他们受不了了。

尽管远看起来，Ethan 的行为显得冲动，然而当我与他进行游戏时，他的行为却有了微妙的变化。在我们的前两次会谈中，我开始意识到哪怕是最轻微的不快，比如丢失玩具或日程安排的改变都会让 Ethan 感到挫败，并将他的愤怒指向他的父母或我。当他找不到玩具上的一块零件或者要尽力接住球时，他也会变得烦躁。与此同时，Ethan 也非常友好，他会用灿烂的笑容热情洋溢地

---

*Ethan 的发音是"Horsie"。——译者

同我打招呼。即使在Ethan暴怒时，听上去他也没有表现出强硬或威胁性，在某种程度上这种特质使他显得更加平易近人。从他的声音中可以清楚地听出他极度生气，最重要的是那种极度挫败的失望感和淹没感。我开始将Ethan的沮丧同任何意外事件联系起来：他的挫败感和他对秩序以及可预测性的需求有关。

我们都必须改变与世界相处的方式。如果我去衣柜挑选一件衬衫，结果发现它正在洗涤中，那么我就要找别的衣服穿。如果我前往地铁站，却遇到了延误，我则需要决定是要步行、乘坐公交车还是打出租车。我们每个人每天都要面对各类决策，这些决策基于计划被扰乱而产生。对于一些包括Ethan在内的孩子而言，这类情况却是异常困难的，因为对他们而言，计划变动就像用指甲刮黑板一般令人难以忍受。

有些十岁的孩子通过言语来表达自己，有一些则通过游戏来表达，而还有很多孩子则会在两种方式之间转换。在我们的第一次会面中，我清楚地意识到Ethan明显属于游戏这类，所以我决定从他喜欢的建造活动开始。我们首先使用了Ethan妈妈告诉我的Widgets*，这是他最喜欢的玩具，并且他还带来给我看。这些积木配有模型卡片，给孩子展示要如何搭建。Ethan很快就完成了这些任务，在规定时间内组装出了不同的图案。他的作品确实令人印象深刻，但我想看看他是如何应对新挑战的，因为尽管Widgets是一种很棒的玩具，但它是可预测的，而我希望通过我们的游戏来帮助Ethan扩展他的变通性。在给

★ 一种几何积木。——译者

予Ethan一些挑战的同时，我也想保持在一个舒适区域内，以免这些挑战压垮他。所以我转向使用积木和乐高进行更自由形式的搭建，并允许Ethan待在他擅长的搭建技能范围内，同时引入无模板搭建的挑战。我原本以为Ethan会抗拒改变，但是他欣然接受了这个挑战。在用积木或乐高搭建时，Ethan静静地、熟练地工作着，用建筑师的眼光来建造精确而对称的建筑物。他的作品拥有一种美感。

这期间还会有很多的隐患。如果一块积木出现歪斜会发生什么？如果两边不匹配会怎样？失去秩序和结构是否会导致灾难发生？我还注意到Ethan的建筑是完全静止的——没有人、家庭生活或喧嚣，而在他建造时，他的专注力是如此强烈，以至于我感觉在这个房间里我几乎不存在。

公平地说，我也曾让Ethan在没有模板的情况下设法完成一个任务，他成功地耐受了这种不确定性，并搭建了一些很棒的作品。至于Ethan将我拒之门外这件事，非常公正地说，我知道Ethan在人际关系方面有困难，而我们两个才刚刚开始认识。与其去评判Ethan，我更愿意把自己被孤立的感觉作为加入他游戏的动力，而不是待在外围的安全角色中。我承认我有自己的焦虑，因为我预料到会激怒这个过分依赖熟悉和控制感的孩子。我不想让Ethan对我大喊大叫。同时，我也不想每一次会面都只是坐在我的办公室里看着他搭建。我想知道我是否渴望更积极地与他连接。对于其他孩子来说，我可能会更有耐心，但对于Ethan来说却不是这样。为什么呢？也许我太过心急。或许如果我能跟随他，搭建建筑物的进程，或者与Ethan进行平行游戏，抑或是解说他的作品，也许渐渐地他会允许我进入他的世界。对于这些孩子的游戏，即使我只是在一旁看着也能与游戏产生共鸣，同时也会因为不被允许加入游戏而感到挫败。然而和 Ethan 在一起的感觉却不同：我感觉被切断了连接。在接下来三个月里，我很可能只能这样看着他搭建相同的结构。所以当我坐在地毯上看着 Ethan 环顾房间时，我提议和他一同搭建。Ethan 两次无视了我的请求。我稍微靠近了点，拍了拍 Ethan 的肩膀，再次重复一遍后，Ethan 终于生气地看向了我。

Ethan：乐高积木在哪里？

我：它们在橱柜里。

Ethan：我想要！（他的肩膀僵硬了，声音越来越高。）

我：（我想了一会儿是顺从 Ethan 还是挑战他，我选择妥协。）好吧。他们就在那边。（我高兴地说，在我指向橱柜的同时还很好奇结果会是怎样的。）

Ethan：我现在就要！拿给我！

我：太好了，就在那边。（我指向橱柜示意。）只要走过去，我们就可以开始玩它们了。（在这一点上我说得轻松活泼。）

Ethan：帮我拿来！！

我：嗯嗯。（我耸耸肩，努力保持放松。）

Ethan：（听起来很沮丧但努力保持镇定）但是我想要它们，我要你拿给我！

我：（我等了一会儿才准备好用一种清晰且带有融入感的声音说话。我一直感到紧张，意识到我需要放松，否则Ethan会察觉到我的不适而渐渐被其淹没。）我知道你很生气，我也知道我现在让你心烦了。东西在那里，（我的声音稍微低了一点，因为我微微前倾，用手示意着。）我觉得没有我，你也能拿到乐高。事实上，我很确定你可以。但是，我不想争吵。所以我有个主意——为什么我们不一起走过去（我指着橱柜），这样我们就可以一起拿乐高了？

Ethan：但是我累了！

我：你知道，其实并没有那么远。

Ethan：是的，很远！别告诉我不是！！

我：（我看了Ethan一会儿，他的脸因沮丧而变红。我在想该怎么做，但没有想出什么特别有帮助的话。我直视着Ethan，把手放在他的肩膀上，他对我的触摸有了反应，并开始软化下来。）来，我们去橱柜里拿些积木来。我们真的不必争吵。

Ethan：（声音更加平静且脆弱）我想是的。

我：我们当然不必争吵。（看到Ethan平复下来，我又平静地说。然后我决定在我们的交流中加入一点幽默，开始用一种夸张的语气说话。）因为乐高对我大吼大叫！拜托！（我开始和Ethan一起走向橱柜。）我的意思是，我喜欢乐高，你也喜欢乐高。它们是相互连接的积木块，有什么不喜欢的呢，对吗？

Ethan：（他和我一起走，但哼了一声。）哦，你个家伙。

　　孩子和大人要么害怕Ethan，要么试图让他摆正位置，这只会加剧他的焦虑和爆发。当然，Ethan生活中的大多数人并不理解他这种焦虑，错误地认为他只是冲动和易激惹，并没有意识到表面之下还有更多问题。我拒绝拿玩具给他时，Ethan变得愤怒起来，并开始情绪激动。我本可以默许，听从他的吩咐，也许可以考虑他的意愿。或者我也可以试图设立一个清晰的界限，告诉Ethan哪些我可以做，哪些则不行，同时发起挑战让他去应对。在我们工作中的其他时间里，我可能选择了这当中的任何一种方法。但那一刻我想竭尽全力地加入Ethan。因此我选择了一条不同的路径，试图在半路上与Ethan相遇。我努力调节自己的音调，有时提高音调以配合Ethan，有时又会降低音量使他平静下来。我还会使用身体语言，一只手搭在他的肩上和Ethan交流。对其他孩子来说，这样做可能过于具有侵入性，但是从第一次与Ethan及其家人的会谈中我已知道身体靠近对Ethan而言是一种安慰和语言。一只手搭在他的肩上意味着我让Ethan知道我非但没有害怕他，还很舒适，我已经准备开启同他的旅程了。在这个过程中，Ethan放松下来。当我们走向橱柜时，一个高大且敏感隐忍的男孩出现了，他不再是失控的旋风。我们拿出乐高开始搭建，Ethan开始向我讲述宇宙。他同我交谈，并分享着他渊博的关于太空的知识。他教我识认各类不同的卫星和恒星，尤其强调他最喜欢海卫一和冥卫一*。我很庆幸能够了解Ethan的世界。

　　在我们下一次的会谈中，我们再次拿出积木开始搭建。Ethan继续搭建了

＊海卫一为海王星最大的卫星，冥卫一为冥王星最大的卫星。——译者

和前一节相同的结构。决定何时跟随这样的游戏可能会有些棘手。有时候，孩子通过重复一个游戏来获得掌控感或修通一些感受或担忧；而有时候重复则是一种防御，孩子可能通过持续玩同一个游戏来避免体会一些特定的感受；对于一些孩子而言，重复是他们发展性挑战的一部分。我毫不怀疑建造让 Ethan 产生了情感上的共鸣。当他玩乐高或积木时，他是平静的。但是，他的游戏还不具有象征性。他的游戏中没有主题或角色。Ethan 也没有利用游戏享受另一个人的陪伴。相反，在建造过程中，Ethan 获得了自我专注和重复性带来的平静感觉。与其关注建筑物的象征意义，我转向了一个不同类型的问题：Ethan 是如何应对常规的变化的？他能否将新角色和挑战融入到游戏中？他能开始讲故事吗？最重要的是，他能否将我纳入到他的游戏中，使工作真正互动起来？只有这样，Ethan 才能在与生活中的其他孩子和成人交往中获得长足的进步。

在考虑如何帮助 Ethan 时，Winnicott 关于两人一同游戏的名言不断地浮现在我脑海中："这意味着如果无法进行游戏，治疗师所做的工作就是将病人从不能游戏的状态引导到能够游戏的状态。"当然，治疗师如何帮助孩子进行游戏是可以有不同解释的。我试图采用积极主动的方式来帮助 Ethan 扩展讲故事的能力、理解情感的能力，允许我进入他的世界——以帮助 Ethan 发展出一个内部空间，在其中他可以开始处理自己的情感和与他人的关系。我们拿着乐高坐下来，我给出一些搭建的建议，或者作为他的助手来搭把手，而当这些尝试都不成功时，我会对 Ethan 的创作发表评论或提问。我的评论时而赞美，聚焦到 Ethan 工作中令人印象深刻之处；时而好奇他对于样式以及建造方式的选择；有时还会调皮地建议他用帕拉第奥新古典主义建筑风格（Palladian-like）的结构来建保龄球馆。我注意到赞美和提问除了引起Ethan的轻声嗯哼或单音节回应之外，并未引发更多反应。然而，当我们开始讨论并争论他的建筑设计时，我的幽默评论却得到了回应。我选择在他的游戏中加入人性化的元素，我去我的玩具柜取出了玩偶以及各种乐高人物小玩偶，领头的是一个留着脏辫儿、牙买加口音的小鸟玩偶，名叫Pookie。

> Pookie：这地方太棒了！嘿，你好啊，这真是个好地方。（我转向乐高小人，挥手示意他们过来。）伙计们，这一定会很棒的！大家加油呀！（我让乐高小人跟着Pookie，他们兴奋地嘟囔着。）

> Ethan：（看起来很吃惊）这些是我的建筑！

> Pookie：你做得超赞！这些真漂亮！你叫什么名字？

> Ethan：Ethan。

> Pookie：很高兴见到你。我的名字是Pookie。也许你听说过我吧？

> Ethan：没有，从来没有。

> Pookie：（叹气）哦，好吧。不管怎样，做得很好。抱歉，（朝着其他人大叫着）大家快来吧，我们要住在Ethan的公寓楼里了！

> Ethan：不可能！你们不能住在这里！

> Pookie：别担心。这将是一次非常愉快的经历。你知道，我们将永远尊敬你——我们的建筑师！

> Ethan：等一下。你们不能住在这里。这些建筑是我建的！它们是为我建

的！不是你们！

Pookie：你不希望我们在这里?

Ethan：对，我不想！

Pookie：真的吗?

Ethan：真的！

Pookie：因为我是玩偶，不是吗?

Ethan：不，不是因为你是玩偶。

Pookie：如果是这样的话，我觉得你不公平。

Ethan：不是因为你是玩偶！

Pookie：你现在生气了。我能感觉到。

Ethan：不，我没有生气。你不应该住在这里！这是我的大楼。是我
造的！

Pookie：你在对我大喊大叫。

Ethan：是的，你让我很烦！

Pookie：我让你烦恼了?（张着嘴表示惊讶，一时说不出话来。）来吧，
我的朋友。（Pookie把他的翅膀搭在Ethan的肩膀上。）伙计，我
想我们应该商量个方案。

Ethan：什么样的安排?

Pookie：伙计，当然是你和我！我们要一起住在这栋楼里！（Pookie强调最后一个词，他的翅膀搭在Ethan的肩膀上，他的眼睛凝视着天空。）

Ethan：（叹气）哦，你这家伙。

幽默缓和了我们之间的交流，提供了一种安全感，帮助缓冲了Ethan的敏感。这个转折点出现在Pookie把翅膀搭在Ethan肩上时，Ethan放松下来，回应着我们早前的乐高互动。我通过Pookie传达给Ethan的信息是，我认为他很易亲近，甚至可爱。毕竟，Pookie和他的朋友们不仅想住在Ethan建筑里，还尊重他、想要庆祝甚至想和他一起出去玩。Ethan是他们的建筑大师，也是他们期望中的朋友。我想和Ethan一起玩，并且想要了解他，我也好奇在他的人生中有多少人向Ethan传递过这样的信息。

随着游戏的推进，Pookie继续在游戏中出现。尽管Ethan觉得他有点烦人，但他也学会了管理和享受他的玩偶伙伴。与此同时，Ethan的父母报告说他在家里更具有参与性，也不那么暴躁了。我很好奇为什么会如此。我积极参与游戏的态度是否有效？它是否有助于创造一个空间，让Ethan得以用更开放和灵活的方式与世界互动？还是我对待他的态度引发了改变？是我认为Ethan可以成为一个好朋友的信念起作用了吗？或者像有时候发生的那样，我只是幸运地在他进入相对平静的状态时开始工作的？谁也无法确定，但我感觉这种游戏对Ethan很有益处，因为他变得更愿意让我加入其中。我们找到了一种节奏感。当Ethan和我一起建造时，Pookie会说些有趣的话，我们会玩得很开心。我想知道这是否正是Ethan目前所需要的——与我互动，并学会与另一个人分享自己的世界。他一直做得很好。另外，我担心我们的游戏会失去活力和新鲜感，因为 Ethan 的游戏很容易陷入到重复中。所以，我决定将这个游戏玩下去。

Ethan 和我边玩乐高，边讨论太空。我开始建造一艘宇宙飞船，Ethan 在我的带领下，还跟我交换了关于造船的想法。像往常一样，Ethan 建造了一艘细节精美的星际飞船，而我则把杂乱无章的设计拼凑在一起，更像是一艘带翅膀的划艇。我加入了一个乐高小人作为指挥官，为了让角色更加丰富有趣，我还把一个乐高灌木放在指挥官头上当作头盔。我们的游戏开始了。

Ethan：我的飞船在保护地球。

我：（我想了一会儿是否要在 Ethan 身边保护地球，但我判断这可能是一个探索 Ethan 如何处理冲突的机会。因此我选择扮演一个攻击地球的坏人，并采用标准的邪恶反派声音。）不会太久的，我的朋友。我将很快接管并统治地球。

Ethan：不！不！不！你不能做这样的事。你会被毁灭的！

我：再猜一次，我的朋友。我将统治地球和整个银河系！哈哈哈哈哈哈！！

Ethan：不，我会毁了你的飞船！

我：摧毁我的飞船？毁了我的飞船！你知道你在跟谁说话吗？

Ethan：你知道你在跟谁说话吗？

我：我要提醒你，是我先问你的，我即将被征服的飞行伙伴。

Ethan：我不会告诉你我是谁。你告诉我你是谁。

我：哦，不过没关系，朋友。你看，地球将是我的！哈哈哈哈哈哈！！

Ethan：不！！不！！你会被摧毁的！！

我：愚蠢的地球人准备被征服吧！很好。请允许我自我介绍一下。我是……我是……[Ethan期待地看着我。我在想个好名字。我迅速扫视房间试图寻找灵感，但什么也没想出。然而我看到了我的乐高玩偶戴的灌木帽子，联想到我童年时的一个形象——夏威夷潘趣酒（Hawaiian Punch）广告中的潘趣（Punchy）。]我是菠萝队长，你们的下一任统治者！！不久，地球将是我的！我的！所有都是我的！（我突然唱起了一首小曲。）谁将接管地球？菠萝队长！谁将接管地球？这是正确的！啊哈！菠萝队长！

Ethan：你不会成功的，队长……嗯……（Ethan看向我寻求帮助。）

我：菠萝。

Ethan：菠萝队长，你们不可能统治地球！永远不可能！！

我：哦，你这个愚蠢的地球人。你根本不知道。哈哈哈哈哈哈！

尽管名字和一些细节可能是在有需要的时候即兴创作的，但"菠萝队长"这类形象和我对我们游戏的想法是一致的。我想通过帮助Ethan处理突发事件来增加他的灵活性。作为一个调皮古怪的混乱代理人，菠萝队长不会完全遵从Ethan的想法，而是会挑战他。Ethan经常与他人发生冲突，变得沮丧且具有对抗性。我决定从这个困难着手，我想，和菠萝队长打交道，可能会给我们一个机会来处理 Ethan 的一些日常烦恼，因为 Ethan 经常感觉自己"好像在和一个可怕的恶棍打交道"。我希望 Ethan 能够适应，学会理解，并与菠萝队长协商，并能以这样的方式应对世界上的其他事物。

我还特意选择了一个我认为会引起共鸣的角色，并在这个过程中帮助涵容 Ethan 的冲动和不安。菠萝队长的夸张性格与 Ethan 的一些方面相呼应。在我们的工作中，我们可能会评论孩子的攻击性或其他感觉，使这些感受变得更易管理，因为治疗师传达了一种理解，让孩子更好地消化和理解自己的感受。有时，在孩子难过的时候，同他们在一起可以帮助他们更好地控制这些情绪，因为正是我们的存在帮助孩子涵容这些困难的情绪。在我们工作的这一刻，我没有成功地和 Ethan 谈论他的感受，也没有预料到会成功。我们的工作是通过行动和游戏进行的。我已经成功地使用非言语信息传达了我的理解——用我的声音和肢体语言来抚慰和匹配 Ethan 的情绪状态。现在，我使用游戏不仅仅是为了理解，还能让 Ethan 内在的那部分沮丧和有攻击性的声音得以表达。我想借由菠萝队长这个角色，冒险地进入到比 Ethan 通常能忍受的范围更深层次的地方，这样他就能够带着这些感受来游戏，而不仅仅是被它们所驱使。

我的意图是介绍这个角色，然后发展他，逐渐揭示更复杂的情感、动机甚至背景故事，帮助 Ethan 建立一个可以用来理解自己情感世界的地图。是什么驱使着菠萝队长？当他策划出荒谬的计划时，他有何感受？特别是他面临如此高风险时，他是如何应对失败的？他到底来自哪里，又为什么对地球如此着迷？在他所在的星系有没有什么问题？他有家人吗？他母亲对他所做的事有什么看法？

　　我也很犹豫是不是要引入"菠萝队长"这一角色。治疗师帮助孩子容纳和消化难以忍受的情绪的理念已经在不同的治疗学派中得以强调，其中Winnicott的"抱持"（holding）和Bion的"涵容"（containment）的概念会立刻浮现在脑海中。但是如何涵容这些情绪使得孩子能够游戏而不是将这些情绪付诸行动呢？ Barrows（2002）、Kaduson（2006）和 Gallo-Lopez（2005）从不同角度出发，鼓励治疗师在感觉到被排除在孩子世界之外时要变得更加积极和有趣。Barrows 谈到了治疗师需要用更为稳健的方式与一些特定的孩子接触，其中包含将一些角色和主题介绍到工作中。他特别提到扮演孩子的攻击性角色，让这些角色发声，为孩子提供一个处理攻击性情绪的机会，否则这些情绪是无法被忍受的。他描述了一个案例，他在这个案例中扮演鲨鱼，并假装鲨鱼开始咬孩子。类似地，Kaduson 鼓励治疗师以游戏的方式创造可能与孩子产生共鸣的角色，尤其是当孩子难以游戏或在表达某些令人痛苦的感受或经历有困难时。她举了一个例子，在这个例子中，她扮演一个目睹过创伤性事件的角色，以帮助一个儿童开始游戏，并最终谈论起类似的经历，这也是他来接受治疗的原因。Gallo-Lopez的戏剧疗法让治疗空间中充满了即兴精神。她提供了一个治疗师与孩子角色互换的例子，孩子成为治疗师，而治疗师则扮演一个阴沉和愤怒的少年。

　　但是，尽管有这些例子的存在，这种角色扮演在文献中并不典型。也许我太冒进了？为什么不把菠萝队长当成盟友而不是敌人呢？ Pookie有点烦

人，但"想和Ethan在一起"激发了Ethan对亲密的渴望，让Ethan感到自己是令人满意的。另一方面，菠萝队长想打败Ethan，征服地球。菠萝队长真的能帮助Ethan缓解他的攻击性情绪吗？还是会引发Ethan的挫败和僵化，导致Ethan变得更具攻击性和混乱呢？

菠萝队长：我回来了，傻瓜地球人。

Ethan：别叫我傻瓜。我会去抓住你的，菠萝队长！

菠萝队长：我不这么认为，朋友。你看，你没有机会了。我是菠萝队长，现在我要开始我的天才计划来接管这个星球。很快，所有人都会向菠萝鞠躬。啊！一定会很酷的！

Ethan：不，不会的，菠萝队长。我要阻止你！你们不可能接管地球！这可一点都不酷！

菠萝队长：哦，随便你，地球人。现在开始我的计划吧。（就像所有合格的反派一样，我选择和Ethan分享许多关于我将如何征服地球的细节。这既能让我待在角色中，也能给Ethan一点锻炼，让他成功地抵御我的计划。）我要去宾夕法尼亚州匹兹堡，那有世界上最大的棉花糖工厂！我要在那里偷取地球上的棉花糖用来给我的超级激光装置供电。一旦我的超级激光开始运作，地球将别无选择，只能向我菠萝队长投降！（我们在这里沉默了许久，我和Ethan面面相觑。）嗯……也许我不需要把这些都大声说出来。

Ethan:（停了一会儿，仔细想想）哈，菠萝队长！你犯了一个错误！我知道了你的计划，你这个傻瓜！现在我一定要阻止你！

菠萝队长：再猜一次，傻瓜地球人！没人能阻止我。还有，（我允许我的声音有一点点撕裂来表达我的脆弱。）不要叫我傻瓜，这伤害了我的感情。你的星球是我的！ 调到超速度，我要走了。再见了，地球人！

Ethan:不够快啊队长。现在换超速！

菠萝队长：嘿，你是怎么做到的？我是唯一一个具有超速度的人！

Ethan:不，你不是。我也有。

菠萝队长：真的吗？你从哪里获得的？

Ethan:从我们的太空程序。我们所有的船都有。

菠萝队长：真的吗，所有的？

Ethan:是的。

菠萝队长：哇，让人印象深刻。嗯……你的船上还有什么？

Ethan:超级激光！

菠萝队长：非常棒，但还不是超级棒！

Ethan:不，我们还有！

菠萝队长：好的。但你有叛逃者防护盾吗？

Ethan：是的，当然有。

菠萝队长：牵引光束？

Ethan：有的。

菠萝队长：爆米花机？

Ethan：什么？

菠萝队长：爆米花机。你有爆米花机吗？我刚刚安装了新的超级爆米花机
18000！看来你比地球人强多了！

Ethan：我不需要宇宙飞船上的爆米花机！

菠萝队长：你当然需要。

Ethan：你要爆米花机做什么？

菠萝队长：吃爆米花呀，傻瓜地球人！

Ethan：太荒谬了！你的爆米花机有什么好的？

菠萝队长：味道更好！

Ethan：宇宙飞船上有这种东西太可笑了。那也帮不到你。

菠萝队长：（把每个字都念得很清楚）这样我们就能见到我的老朋友了。

有时候你只是在游戏。在与儿童一起工作的过程中，正是那种非常有
趣、充满愉悦和的确愚蠢的时刻为我们的治疗提供了最具有疗愈性的经验
（Carlberg，1997；Frankel，1998；Blake，2011）。我意识到这些片段可能

看起来，老实说，很疯狂，也许还有点自我放纵。这些荒唐的想法有什么意义呢？我必须一直称Ethan为地球人吗？我要接管一个棉花糖工厂吗？那个超级爆米花机18000又意味着什么？

幽默使游戏没有压垮Ethan，他有时并不是把菠萝队长当作一个反派角色，而是真实存在的坏人。在这些时候，我们的游戏停止了，Ethan就好像在与一个真正的坏人战斗一样。我想象着Ethan以类似的方式应对日常挑战：每个困扰可能都会让Ethan感到威胁，并引发他的自我防卫。虽然我希望Ethan能够在与我工作时投入更多情感，以便我们的游戏能够捕捉到他强烈的情绪，但我不希望Ethan因此变得太挫败以至于他的愤怒变得无法被触及。菠萝队长那漫画式的对话滑稽可笑又充满幽默感，还有他那了不起的爆米花机，这些都很重要。因为它让Ethan安全地保持着游戏感。允许Ethan留在他的想象世界里给予了他一个可以探索自己感受的治疗空间。

我的目标是通过菠萝队长来接近并涵容Ethan的感受。Ethan爆发性的情绪表现得非常剧烈，而且似乎没什么预兆。但我知道一连串的愤怒、悲伤和挫折感是他发脾气的原因。在演绎菠萝队长的反应时，我确保在某些时刻放慢进程，捕捉到菠萝队长在沮丧时不同阶段的表现。队长经常犯错，冲动地说出自己的计划，在对自己很懊恼后才转而向Ethan发泄不满。菠萝队长清楚地表达了他日益增加的挫败感，这样做是作为一种"他我"（alter ego）帮助Ethan控制和理解他自己的反应。我们涵容孩子的攻击性情绪，并邀请孩子与这些情绪一起玩耍，传递了非常重要的信息，即治疗师告诉孩子这些情绪并不像想象中那么可怕和具有破坏力，实际上它们只是孩子内心世界中的一部分。

在这一点上，我对 Ethan 如何应对我们游戏中的刺激印象深刻。在这个阶段，我们的会谈很吵闹，也有点狂野，因为我们带着必要的音效让飞船在房间里翱翔。菠萝队长是一个具有挑战性的角色，Ethan 在某一个时刻濒临崩溃，也许也是意料之中的事。Ethan 也可能因为我的角色和他自己之间的相似性而感到恼火。毕竟，在创造一个同另一个人物相似的角色时是存在一种假设的。但最重要的是 Ethan 待在了这个具有挑战性但受控制的游戏环境中，且能保持冷静。在接下来的两次会谈中，Ethan 成功地破坏了队长的计划。他通过按下棉花糖弹射按钮将菠萝队长偷来的棉花糖倒掉了。菠萝队长愚蠢地把棉花糖弹射按钮贴了标签，并将它安排在了地球死亡射线按钮的左边。Ethan 对自己很满意，我对他有力量阻止星际入侵者也很满意。菠萝队长发了一顿小脾气，然后才回过神来，发誓要报复。队长很沮丧，但又不愿放弃——我希望他能容纳他的挫败感，而不放弃想要最终成功的希望。菠萝队长随后试图重建他的地球死亡射线，但 Ethan 以击败他的宿敌为乐，再次击败了他。

但却存在一个问题。

在下次会谈之前，我和 Ethan 的母亲聊了聊，她告诉我，在过去的几周里，他的进步停滞了。一天，Ethan 非常生气，把母亲锁在门外好几个小时。尽管他在如何戏弄她这方面相当机智，但这并不是我心目中所谓的治疗进展或创造性能量。在学校，他在课堂上感到挫败，并与其他孩子发生了争执。

我离开办公室的时候在想 Ethan 的退步。也许 Ethan 已经享受了早期治疗蜜月期阶段，现在正在过渡到一个更现实的阶段，而这势必会让他在进步中经历起伏？也许他正在试着内化我们的工作，同时又在与自己的行为作斗争？我很想相信这个想法，但又感觉不对。Ethan的行为方式并不太含蓄，他可被观察到的行为似乎反映了他的情感世界。如果他在行为上挣扎，我知道他内心也在经历挣扎。我想到了他正在接受的其他干预措施，想知道他服用的药物或参与的其他治疗方式是否发生了变化。尽管我很想责怪其他人或其他事情，但我更需要仔细地审视我们的工作，越反思越意识到，无论我是否接受，我都遗漏了一些东西。

我想到了菠萝队长。我完全让自己沉浸到这个角色中去，思考我们可以在会谈中使用新的情节和反转。我曾想象过用菠萝队长来应对不同的挑战。我曾计划从容忍挫折和灵活变通，转变为在角色扮演和模拟学校情景中使用菠萝队长。我想象着菠萝队长的一些外星人同伴降落在地球上，迫切需要一个向导来帮助他们适应我们的星球。我本以为Ethan会是那个完美的向导，这个过程也会有益于他与他人的关系。这一切似乎都很有想象力，很有帮助。

想得越多，我就越意识到自己太超前了，而最重要的是，我走在Ethan前面太远。我选择引导这场游戏是为了避免我们的工作陷入重复。回顾过去的几节会谈，我意识到我们的游戏开始变得像我一直努力避免的那样。Ethan和我之间出现了更长的停顿，就像一场乏味的谈话中的沉默一样，Ethan的反应也没有那么多变了，因为他和我之间的对话的确已经变得可预测了。我们的故事情节围绕着菠萝队长试图征服地球的新方式展开，但它们陷入了一种乏味的模式：队长想出了一个计划，随后却犯了一个错误使得Ethan击败了他；队长逃离时发誓要再回来征服这个星球。

我们早期的游戏充满了温暖和想象力，因为最重要的是，这个游戏基于我和 Ethan 之间的连接。在最好的情况下，我和 Ethan 会进行轮换，当我推动他和我一起玩乐高时，他允许我加入，然后开始和我分享他丰富的太空知识。在那些时刻，我们就像舞者或演员，有时由我们中的一位带领，但大多数时候我们都是本着合作精神相互配合。当我聚焦于故事情节、垃圾食品的能量和巧妙的技巧时，我错过了要点。在某种程度上，我觉得自己就像一个动作片编剧，在特效上花了太多时间，以至于失去了角色发展和他们之间关系的视角。随着我和 Ethan 交流热度的逐渐消退，我们一起工作的获益也越来越少。

在那些早期的会谈中，我既是一个积极的参与者又是一个积极的倾听者，关注着 Ethan 的情绪状态，并反思自己在房间里与他一起度过那些时刻的体验。我会注意到他的焦虑和挫败，而这影响了我的反应并指导了我的干预措施。而 Ethan 反过来不仅能理解我的言辞和游戏，还能捕捉到我语调和肢体语言中微妙的细节，这使我们得以进行非言语的交流。我会说些安慰的话语、给予 Ethan 一个确认的眼神，或把手放在他肩膀上来让 Ethan 知道我相信他会没事。但自从菠萝队长出现以来，我就没再做过这样的事了。我对于我们之间互动的反思也减少了，在扮演星际入侵者时，我停止了仔细倾听 Ethan 和我自己的反应与感受，因为我被自己的议程带跑了。在这个治疗过程中，我试图做得太多了。我一直很努力地与 Ethan 保持连接，并找到一个处理他感受的场所。但我做得太过了。为了推动治疗，我与 Ethan 之间的距离越来越远。尽管很难承认，但实际上我是在独自游戏。

当我开始和 Ethan 一起工作时，我感到孤独，因为他搭建他的建筑，而忽略了我。作为回应，我在我们的工作中扮演了越来越有主张的角色，直到让自己最终再次感受到孤独。我需要倾听这种感觉，这是在我们的工作中不断冒出的孤独感，也是Ethan在生活中经常挣扎于其中的孤独感。最重要的是，我意识到我需要改变方向，放慢速度，找到一种途径来重新与Ethan建立连接，而这是帮助他的关键。

　　我们开始了下一次会谈，Ethan准备立即开始玩乐高。我在犹豫是要马上重新加入他还是处理他在家里的困难。一方面，我正在同Ethan工作，担心处理他在家里的困境会打断我们的工作，并且Ethan可能会像治疗早期那样用少言寡语来回应我们的交流。另一方面，我希望这个家庭也能参与进来，一起解决最初让他们到我办公室来的困难。在第一次会谈中，Ethan就在他们身边跳来跳去。我想回到家庭所面临的挑战上去。我打赌如果Ethan在家里已经获得了一些掌控感，那么他或许能够谈论发生在家里的那件事了。

　　我告诉Ethan我们几分钟后会一起游戏，但我想先同他和他的父母一起聊聊，因为我听说他最近很不开心，我想多了解一下家里发生了什么。Ethan并不激动，但在我的鼓励下，他在椅子上坐了下来，我们开始交谈。我们谈到了家里发生的一些事，包括他把妈妈锁在门外的那件事。我们谈到了学校的情况，以及他喜欢哪些孩子。我们讨论了当他感到沮丧时，他可以做些什么来尝试冷静下来，以及他如何能够开始注意到自己开始变得沮丧了——不论是在情绪上还是在身体感觉上。在谈话的过程中，我们还谈到了木星和土星的卫星，也谈到了参观自然历史博物馆。当Ethan再次提醒我海卫一和冥卫一的区别时，我们都笑了，我们重新连接上了。接着，我们玩乐高。

Ethan：（拿了两个乐高小人）他们现在要进大楼了。

我：他们会在那里做什么？

Ethan：他们四处看看，没什么事做。

我：（我添加了一个乐高男孩到小组中，并代表他说话。我想添加一个角色，同时在我们的游戏中给Ethan提供空间。）大家好，这里怎么样了？

Ethan：哦，你知道，这里很棒。我们玩得很开心。

我：酷。介意我和你们一起玩吗？

Ethan：当然不会!

我：太棒了。那么，我们接下来要做什么呢？

Ethan：也许我们会造更多的建筑物。

我：好的。

Ethan：（他开始建造一座新楼，命令乐高小人帮忙。）把红色的拿给我。

我：收到。

Ethan：蓝色和黄色的。

我：好的。还要别的吗？

（Ethan把注意力集中在建筑上，什么也没说。）

（我清了清嗓子，但没有反应。我又问了一次。）

Ethan：什么？

我：你那边还需要什么吗？

Ethan：不，就这样了。这幢大楼完工了。

我：（我想了一个让我们的游戏继续下去的方法，因为我感觉到 Ethan 有点卡住了。）好吧。这些辛苦的工作都让我饿了。

Ethan：好的，我们去吃东西吧。你想去哪里？

我：嗯，不知道。你觉得呢？

Ethan：也许可以来点汉堡包。

我：汉堡不错哦。现在让我们想一个很棒的汉堡店。

Ethan：麦当劳！

我：我想要更炫一点。

Ethan：汉堡王？

我：同样的问题。

（我们都想了一分钟。我想到我们该如何搭建乐高，以及 Ethan 是如何享受与我分享他对太空的热爱的。）

我：我有个主意。太空咖啡馆！

Ethan：（看起来既感兴趣又惊讶）太空咖啡馆？那是什么？

我：是个新地方。这是一家餐厅，但所有东西都是以太空中的东西命名的，而且这个地方看起来就像来自外太空。

Ethan：太好了，我们开始吧！

我：（我脱离了乐高男孩的角色，以我自己的身份说话。）我们现在应该去
建咖啡馆了。

Ethan：但是要怎么做呢？

我：我们开始工作吧。你觉得我们需要什么？我们要开一家餐厅。

Ethan：食物。

我：（开始写清单）食物，明白了。

Ethan：桌子。

我：桌子，收到。

Ethan：太空装饰和甜点。

我：这些收到。菜单呢？

Ethan：是的，我们需要菜单。把这个也写下来。

我：好的，我们准备好了食物、桌子、装饰品、甜点，我把它们放在食物
和菜单下面。我们可以开始工作了吗？

Ethan：是的，我来搭桌子，你来写菜单。

我：我有点，你知道，我希望……你能和我一起做菜单。

Ethan：哦，好的。我和你一起做，我们开始吧。（Ethan和我拿了手工
纸、记号笔和剪刀，开始制作菜单。）

我：是时候把我们这里能提供的东西写下来了！

Ethan：嗯。汉堡、薯条和热狗。

我：是的，当然。但是，这是太空餐厅。我们应该有太空主题。否则，我
们听起来就像其他地方一样。

Ethan茫然地看着我。他看上去既不生气也不难过，他似乎只是不知道该
怎么办。我想知道我是否应该在这里放弃。毕竟，我不想重蹈菠萝队长的覆辙。
但是产生关于放弃推动Ethan前进的想法，是由我早前所犯错误导致的令人遗
憾的结果。因此，我想到了一种方式来激发Ethan的兴趣，而不让他感到压力
过大。我希望找到一种方式来以他的兴趣为出发点，并在此基础上进行扩展。

我：你知道，有些东西跟太空有关。比如水星奶昔之类的。

Ethan：太好了，我们要水星奶昔。我把它写下来。

我：我们还需要其他的东西。

Ethan：（微笑着努力思考）火星肉丸！

我：太棒了，还有别的吗？

Ethan：海神汤面。布鲁托花生酱果冻三明治。

我：还不错。还有冥卫一鸡块。

Ethan：还有土星意大利面！！

我：是的，是的。太棒了！

我们制作了一份精美的星际菜单，其中包括地球玉米卷饼、金星蔬菜炖菜、流星通心粉、彗星玉米饼和海卫一玉米饼。这个游戏对我们俩来说都很有趣，我们的餐厅向公众开放，招待顾客，由各种娃娃、动漫玩偶和Ethan的父母扮演。在我们游戏的早期，Ethan建造了漂亮但却空无一人的建筑物。现在，我尊重并支持他的建造愿望，并将其与他对太空的兴趣联系起来，Ethan和我一起创造了一个充满活力的地方，那里有饥肠辘辘的顾客、忙碌的服务员和富有创造力的厨师。我想和Ethan建立连接的愿望一直存在于这栋建筑内；我只需要更仔细地倾听，因为太空咖啡馆提供了进入Ethan隐秘却丰富的内在生活的入口。

在这个时候，夏天即将结束，正如计划的那样，我和Ethan的工作开始逐渐收尾，因为他准备回到常规的学校日程中去。我与Ethan和他的父母又进行了几次会谈，以便我可以提出一些游戏建议和实用的家庭建议，这样即使在我们结束后他们仍能继续工作，同时我们还有机会告别。我们讨论了一个过渡计划，以便后续和距离他们郊区住所更近的一位治疗师一起工作。该治疗师可以继续进行一些基于游戏的工作。接下来几个月里，Ethan的父母定期与我保持联系，并同我更新Ethan的进展情况。他在持续进步着，而在应对课堂和社交领域方面，仍然存在发展上的挑战。我想知道如果我们能有更长久且更连贯的合作，我们的工作会如何发展。我与Ethan短暂而有效的工作促使我思考如何与孩子建立治疗空间。积极参与游戏使Ethan走出舒适区，并帮助我在他内心世界中找到立足点。在我们的游戏中积极引入一些主题，也允许我们以某种方式互动，这个过程使Ethan能够更深入地带我进入他的内心世界，并在此过程中发展出一个内部空间用以处理自己的感受和想法。但是当其中任何一方只是被动跟随时，我们就无法取得成功。我们都需要积极地共同创造温暖而有创意的故事。正是这些时刻让Ethan变得更加灵活并更多地投入进来。

与Ethan一起工作让我感受到在儿童工作中创造角色（比如菠萝队长或者Pookie）所具有的价值和特殊的地位。从那时起，菠萝队长就会在我与那些有冲动控制困扰的孩子以及其他可能更胆小的孩子的会谈中出现。对于他们来说，菠萝队长提供了通过游戏表达他们自身不同方面的机会。有时他是反派，有时他是英雄；有时他很狡猾，有时他则相当愚蠢。同样地，Pookie也成为治疗中的一个重要角色，在许多孩子的故事中充当"高飞式的伙伴"。最重要的是，我发现有很多孩子在我引入这些角色后没有获得治疗价值。相反，在与这些孩子一起工作时，我或许会选择跟随他们的带领去发展我们工作中占主导地位的角色与主题（Kronengold，2010）。

儿童治疗中存在着一种冒险的元素。这项工作要进入儿童的世界，这条道路只能通过仔细倾听儿童的节奏和经历来找到。这种倾听至关重要，因为每个孩子都不同，需要在每次会谈中对所使用的方式进行细微的调整。我以积极游戏的方式接触Ethan。我认为只要我保持对Ethan节奏的敏感性，并密切倾听自己的反应，确保我们仍然在同一路径上，这种方法就会是有帮助的。当我们失去合作精神时，我们的工作就会停滞。另外，当我倾听Ethan并允许他的兴趣与我的产生共鸣时，结果就是这个游戏提供了情感连接与成长。

我在本章开篇引用了Winnicott和Axline的两句名言，当时我在思考治疗师自己的游戏、想象力和观念在治疗工作中的作用，我也对我们如何建立治疗空间感到好奇，现在我仍然有这样的好奇。但是我认为 Axline 和 Winnicott 的陈述是相互关联的。我相信我们自己的创造力对于与孩子一起工作至关重要，正是这种创造力象征着我们希望在治疗中获得健康的、发展性的能量。游戏会因每位治疗师的个性和风格以及治疗师与孩子之间特定的化学反应而有所不同。我们可以通过使用隐喻、直接地交谈、画画或者创造角色来进行游戏；我们参与的游戏可能看起来时而紧张、曲折、有意义，时而非常愚蠢；有时我们发起挑战，有时则去安慰；有时我们向前推进，有时候则要停下来。在工作过程中，我们不断面临决策：是向左还是向右？是向前还是后退？处理孩子的攻击性还是焦虑情绪？悲伤还是愤怒？挫败还是绝望？这就是我们的倾听和反思如此重要的原因。因为我们在试图理解每个孩子特定时刻的情绪状态和需求。我们聆听、反思并努力理清自己的反应，希望能够参与并支持一个孩子。正是因为我们对孩子声音的尊重，我们跟随孩子的引领，并且愿意迎接他们不断变化的情绪状态，使得我们能够进入他们的情感世界，帮助他们成长。有时我们跟随孩子的引导；有时我们同他们一起游戏；而有时，或许在最佳的情境之下，我们两者兼顾。

Permissions Acknowledgments

This chapter is copyright © 2012 by the Association for Play Therapy. Adapted with permission. The official citation that should be used in referencing this material is [Kronengold, H. (2012).The adventures of captain pineapple. *International Journal of Play Therapy*, 21 (3) , 167−185. doi: 10.1037/a0028865]. The use of this information does not imply endorsement by the publisher.

Stories from
Child & Adolescent
Psychotherapy

A
Curious
Space

儿童青少年心理治疗的故事　　创造好奇的空间

第四章

绘制治疗框架

有时，我会去学校观察某个孩子，或者去跟老师、家长和其他专业人士见面。有时，在我散步、购物或是乘坐地铁时，会碰到某个孩子或他们的家人。在这些时候，我会停下来跟对方打个招呼，也许会聊上几句，然后继续我的一天。心理治疗应该是发生在办公室里的，正是这种独特且有边界的治疗关系使治疗工作得以顺利进行，因为孩子及其家庭被赋予一个特殊的空间，来探讨他们情感世界中更隐秘的细节。但治疗在办公室之外也是有生命力的。孩子们在不与我见面时，会对我的生活感到好奇。他们可能会想知道我住在哪里；是否结婚；如果已婚，是和谁结的婚；有没有孩子；我的业余时间都做些什么；我会去哪里度假；我最喜欢哪家餐馆。事实上，这些好奇是双向的。即使孩子们不在我办公室时，我也会想起他们。我想知道他们在学校或家里过得怎么样。夏天的时候，我可能会想起孩子们在夏令营过得怎么样，这是他们迈向独立的全新尝试。当我最终结束与某个孩子的治疗工作后，脑中也会浮现出各种问题。比如孩子在学校表现得好吗？大学生活是否取得了成功？她是否保持着之前的兴趣？他有亲密的朋友吗？他恋爱了吗？她快乐吗？

在心理治疗中，这种对个体生活的好奇反映了强调治疗师人性一面的态度，它被描述为"治疗性存在"（therapeutic presence）（Moustakas, 1997；Crenshaw & KenneyNoziska, 2014）、"抱持性环境"（holding environment）（Winnicott, 1965）或"治疗师的个人特征"（personal signature of the therapist）（Stern et al., 1998）。在早期的儿童治疗文献中，会提到治疗师和来访者共享茶点和零食，但它未被详细阐述——这暗示了儿童和治疗师关系的另一层面。以前，弗洛伊德在家里接待病人，并在完成分析后与他们共进晚餐。而现在，我们生活在治疗更加专业化的时代，有着明确的角色界定。我们希望在舒适的办公室里进行治疗工作，随着心理治疗实践的成熟，我们对如何进行治疗形成了更明确的准则和期望。无论在治疗中运用哪种理论方法，通常都有一个明确的或不言而喻的"剧本"供我们遵循。问题是，当"我们如何开展治疗"的理念遭遇挑战时，当我们精心制订的计划在与某个家庭工作的过程中需要被重新考虑时，会发生什么。在那些时候，我们可能无法依赖某个既定的模型或手册来告诉我们应该做什么。当我们阅读文献时，很容易依赖于明确的技术和步骤；但当治疗师面对现实生活中复杂的经历、个人感受，以及不符合理论和技术框架的反应时，会发生什么？通常来说，我们作为治疗师，存在于孩子或其家庭的生活中，对治疗工作至关重要。

Diana打电话给我，留言说从一个同事那里得知我的电话号码，她想为11岁的儿子寻找心理治疗师。我回复了电话，并与她约定了见面时间。作为有两个孩子的单身母亲，Diana前来咨询有关儿子Joseph的事情。许多父母一开始与我交谈时都很犹豫，担心会被评判，并常常因为自己所处的困境而对自己过于苛责。在治疗过程中，我常常会逐渐了解到更复杂的家庭细节和历史。但Diana非常坦率地谈论了她和Joseph的生活。她告诉我，她在怀孕时遇到了个人困难，这些困难对Joseph的成长造成了影响，她为此深感愧疚。Joseph小时候被诊断患有癫痫，并遭受了癫痫发作之苦，但在药物的帮助下病情有所缓解。他还表现出严重的学习障碍。Joseph不会阅读，其他学习能力也明显低于同年级同学的水平。更糟糕的是，他对帮助非常抗拒，对一系列好心的老师、专家和治疗师都迅速失去了兴趣。Joseph不仅在学校成绩很差，他也没什么朋友，而且沉迷于电子游戏，经常和母亲争吵。孩子的挫败感和母亲的内疚感导致他们形成了"一点就炸"的家庭动力。Joseph在纽约市一家医院接受了神经

心理学评估，Diana在会面中告诉了我评估的结果。这份详尽的报告列出了他们生活的每个细节，着重强调了Joseph的发育迟缓和Diana作为家长的失败。读到这份报告时，我感到既难过又难堪。我为这个家庭需要去克服的种种困难感到难过，同时为报告中充满评判和敌意的语气感到难堪。我一直不太明白这份报告的意义。也许作者觉得她的评估是诚实且正确的。但是同理心在哪里？想要真正提供帮助的意愿又在哪里呢？我也意识到了我的恼怒，可能是太想要捍卫这个家庭，这让我有些激动。毕竟，自以为是的态度对双方都有影响。我的工作是帮助Joseph和Diana，让Joseph变得更加独立，更好地投入到自己的成长中。虽然Joseph感到心灰意冷，持怀疑态度，但Diana从未放弃。她一直希望并相信儿子的生活会有所不同，并且她的信念很坚定。因此，尽管Joseph有复杂的病史和大量的症状，我仍然对将要开始的治疗充满信心。

在初次会面以前，我以为Joseph是一个乖戾、阴沉的人。然而，走进我办公室的是一个非常友好的男孩，他坐下来，看到地板上有个球，就捡起来和我玩起了接球游戏，我们边玩边聊。奇怪的是，对于一个不屑于接受帮助的人来说，Joseph似乎真的很高兴见到我。当这节会谈接近尾声时，我告诉Joseph，我们得停下来了，但我表达了希望能再见到他的想法，我通常会在初次会面后用这种方式让父母和孩子谈谈他们是否想继续来治疗。Joseph看着我，就像我是个傻瓜一样，而随着时间的推移，我以后会对他的这个神情感到非常熟悉。"是的，"他说，"我会来的，你是要去别的地方吗？""好的，"我笑着说，"我哪也不去，我也会在这儿的。但我们现在需要停下来。我会和你妈妈谈谈，看看我们的时间安排。"我送Joseph走出办公室，他走向妈妈，他们相互拥抱，他回头看着我，笑容满面。我也回以微笑，又有点困惑，因为我意识到这显然不像是一次普通的初次会面。Joseph和他妈妈（在我脑海中他们是一起出现的）显然正在经历一些对我来说非常强烈但未知的情感。初次会面后，他们看起来非常开心。我必须承认，我也同样感到了喜悦，对于即将开始的、我期待能够带来帮助的治疗过程感到兴奋。但我也有些担心——他们之前与其他治疗师和专家的初次会面是否也是这样开始的？毕竟Joseph和他母亲才刚刚见到我，这种兴奋背后隐藏着什么幻想？很显然，他们给我们治疗的开始赋予了其他意义——对改变的渴望以及找到一个能帮助他们的人。他们的兴奋如此强烈和明显，我为接下来会发生的事感到担心，因为我怀疑我们之间实际的工作情况，可能与他们幻想中期望我完成的事情相比要逊色得多。如果是这样，又会发生什么呢？

"蜜月期"在治疗的最初几个月里持续着。Joseph热情地来参加治疗会面，舒服地交谈和玩耍，对自我的感觉也变得好起来。他开始更好地照顾自己的身体，与妈妈的争吵少了，总体上呈现出愉悦的心情。他的妈妈对治疗表示感激，并适当地参与进来，思考她能做些什么支持孩子，同时又给他留出自己的空间。我和Joseph在会谈过程中形成了良好的节奏，我们会开玩笑、玩纸牌或是玩接球游戏，他会给我讲关于一个笨蛋老师或者校车上的某个孩子的搞笑又略带苦涩的故事。Joseph的学习困难让我感到担忧，但我也知道，他对自己不会阅读感到极其敏感和羞愧。所以，我选择和他一起思考：一个如此聪明且充满好奇心的人，似乎对新见解和冒险很开放，怎么会对老师可以帮助他的想法如此排斥呢？我注意到他对治疗师也有类似的感觉，似乎只是暂时给了我一个机会。我很想知道，他是不是选择过早地放弃，这样他就不会为读书这件烦人的事而感到难过了。我试图用一种引起Joseph好奇而不是尴尬的方式来提出疑问。

虽然他没有深入探讨我的问题，但也没有拒绝或无视我，所以我觉得我们在为以后能够更深入地讨论埋下种子。我的好奇不仅是为了Joseph，也是为了我自己。在我的办公室里，Joseph聪明活泼，而学校报告里描述的Joseph则是心不在焉、毫无活力的。Joseph的老师对他的成绩不佳并不感到惊讶，只有他妈妈，现在还有我，对此很诧异。我想知道这是怎么回事。显然，Joseph感到了我的理解和支持，这有助于他展现出更健康的一面。但在这个过程中，我是否遗漏了他其他重要的部分，而我需要接触到这部分才能真正帮助到他？我开始进一步思考——责怪老师没有教好一个孩子很容易，但Joseph如何以及为什么以消极的方式参与其中呢？

我带着疑惑继续开展与Joseph的治疗工作。父母通常会把治疗费用寄给我，但有时他们也会选择直接交给我，因此，某天下午我和Joseph的会谈结束后，Diana递给我一张支票。与更安全的邮寄方式相比，面对面地处理付款事宜会有一些不同，但至少目前为止，当面支付还没有出现过明显的问题。当Joseph的妈妈把支票递给我时，Joseph叫住了她："这是什么？"Diana随口回答："给Kronengold博士的。"Joseph的脸色变了，他惊讶得目瞪口呆。"等等，"他说，"那是一张支票。等一下，等一下！你这样做是有报酬的！你和我一起玩还能拿到钱？"Joseph的反应让我大吃一惊，虽然等候区没有其他人，但我感到很拘束，意识到自己正在等候区讨论一件私事，一时语塞。"是的，我有，"我低声说，"还记得吗，我说过和孩子们聊天、玩耍就是我的工作。"Joseph生气地看着我："我不明白。等等，你到底能拿多少钱？"他边说边朝支票的方向挥了挥手。我告诉Joseph，我们可以在下周见面时再谈谈这件事，我意识到发现这张支票让他感到很吃惊。虽然Joseph还是很生气，但他同意了，我们道别后，我的大脑立刻开始飞速运转，我在想我该如何应对这种情况。我回到办公室坐下，一边记笔记，一边不断闪现Joseph看到他妈妈把支票递给我时的表情，这与我们初次见面后他高兴的表情形成了鲜明的对比。这不仅仅是惊讶或者恼怒的表情。孩子们经常对我发脾气，我们也会将其处理好。但是，这次的表情不一样。我想起了首次会面后Joseph脸上快乐的表情，以及他现在截然不同的表情。我明白Joseph感到被背叛了。

在那天空闲的时候，我回想了治疗结束后那个尴尬而痛苦的时刻。在那一刻我不知道该说什么，但我说些什么或做些什么才是最合适的呢？我是否应该多花点时间跟Joseph谈谈他的反应？但我该说什么呢？我是不是应该邀请他回到我的办公室谈谈？那样的话，也许他在治疗结束时会感觉好些。然而，治疗往往会在困难的时刻结束。我忧心忡忡地坐在那里，开始重新思考我的收费规则。也许我应该制定一条规则，告诉父母不要当着孩子的面付钱给我？但为什么不能当面支付呢？毕竟，我关心这些正在接受治疗的孩子，但这同时也是我的职业。为什么要为此感到羞耻呢？无论如何，此时此刻，思考收费规则对我的帮助并不大。我现在必须处理好自己的焦虑，等待我们下一次会面。到那个时候，我会看看Joseph的感觉如何，再和他谈谈他的失望。谁知道呢，也许一周的时间会让Joseph冷静下来。也许这将是一个机会，可以让我和Joseph讨论他为什么不高兴，以及这种失望是如何同样出现在他生活中的其他人身上的。或许我们可以讨论Joseph生活中缺席的父亲，以及他是如何希望自己生活中出现一个男性形象的。随着我们治疗"蜜月期"的结束，也许这张支票带来的干扰会让我们的工作更加深入。从长远来看，也许这次支票事件会有很好的结果呢？又或者，情况可能并非如此。

　　Joseph准时来到我们的下一次会谈中，他静静地走进我的办公室，好像没有什么事情困扰着他。他坐下来看着我，我在考虑是否要在会谈一开始提起"支票事件"。我决定再等等，我觉得需要给Joseph一些空间，不要那么快就因为我自己的不适做出反应。我认为，如果Joseph能够在我没有迫使他的情况下表达自己的感受，那将更有助于治疗。我也意识到，我可能只是在拖延不可避免的事情，顺着Joseph的意愿回避这次谈话。Joseph抓着我办公室里的一个泡沫橡胶球，谈到了学校和他最新的电子游戏。我们谈论的内容和以往会谈大同小异，但他的情感、参与度和肢体语言都不一样：我们的会谈很沉重，对话很疏远。Joseph就像是在远处说话一样，隔绝了自己的情感，或者，至少隔绝了我。我又让他多谈了几分钟，想看看我们是否能热络起来，但无济于事。于是，我决定是时候提支票的事情了。趁着谈话间隙，我看了看Joseph，他正抬头望着天花板。

　　"所以我收钱了。""是啊。"他夸张地做了个手势。"你很惊讶。"一阵沉默。"你以为我跟你见面是不收钱的，"我接着说，"我收钱对你而言意味着什么呢？获得报酬吗？""没什么，这是你的工作。"Joseph面无表情，眼睛看向远处。"确实如此，这很复杂。我的意思是，我喜欢我的工作。我喜欢和你见面，"我看着Joseph，希望能有一些眼神交流，"但同时这也是我的工作，是我谋生的方式。我收取报酬。"但Joseph的目光和声音仍然跟我保持着距离，他回答说："你在重复自己的话。"我意识到严格来讲Joseph是对的，我试着用我自己的感受来作为一种工具缓解治疗中的紧张气氛。"也许是因为我感到不舒服，"我停顿了一下，"或许你也是。你希望我和你见面只是因为我喜欢。没有其他原因。"他继续沉默着。

　　接下来的几分钟里，我办公室里唯一的声音是一个超大的软橡胶球飞来飞去的嗖嗖声和拍打声。一开始，Joseph把球扔给我，我把球扔回去，这看似一场单纯的接球游戏。拍球的声音越来越大，Joseph的脸绷得紧紧的，怒气冲冲地开始瞄准。我设法接住了前几次抛出的球，但接下来是球打在我的手上再弹开的声音，就这样，接球游戏演变成了一边倒的躲球游戏。在Joseph的"射击"中，我不断地跳跃、扭转和躲闪。

　　"也许我们应该谈谈这件事。"我说道，这时一个球从我头顶飞过。Joseph继续保持沉默。我说："我看得出来你很不高兴。"这时球又击中了我的胸膛。他继续沉默。"你知道这样做我可能会受伤的。"沉默。"也许这正是你现在想要的。"沉默。"我真希望你没有看到那张支票。"沉默。"我知道你很失望。我真的很喜欢我们在一起的时光。即使是现在，算是吧，我的意思是，好吧，我们有过更好的时光。不过，我还是喜欢见到你，我也想继续见到你。"沉默。"如果我告诉你，我后续不收费，这会改变你的感受吗？"沉默。"我已经无话可说了。我不知道做什么会有所帮助。"还是沉默。"我真希望我能找到合适的言语。"

　　最后，我不再说话了。我不知道该说些什么了，我已经厌倦了躲避这个可笑的球，我感到很沮丧。我的一部分想法是继续思考要说的话，希望至少能在某个时刻偶然发现我的某个评论、观察或问题可以帮助我们摆脱困境。但是，我没有任何进展，而且我越是"步步紧逼"，就越是没有帮助。当会谈接近尾声时，我对结束这次会谈感到害怕，担心Joseph不会再来了。也许我应该再多坚持一会儿？还是算了吧。我感觉我这样做更多是为了满足自己的需要，而不是Joseph的需要。我告诉Joseph时间到了。他走向门口，连看都没看我一眼

就关上了门。我不知道他下次还会不会来。

一周后，Joseph坐在我的等候区，简单地说了句"嘿"，点了点头，起身走进我的办公室。我们又继续治疗了两个月。起初，Joseph保持沉默，但在接下来的一个月里，随着我们的治疗艰难地推进着，他又开始谈论自己的生活了。在我们的交谈中，他变得更加投入，但仍保持了一定距离。他的话语中有一种不自在的感觉，对接受我的意见也保持着谨慎态度。我试着跟他谈论他的感受，但没什么用。自从支票事件后，我们的关系发生了变化。虽然我很高兴我们的工作没有完全脱轨，但我们关系的基调已经发生了改变。

Joseph相信我，也相信我和他的关系。他认为我和他见面是因为我喜欢和他在一起，很乐意帮助他。他是对的，我确实喜欢。但与此同时，我作为一名心理学家和他见面也是我的职业选择，我向人们收取费用，试图帮助他们应对挑战。这个角色是矛盾的，因为治疗作为一个助人的经历，既涉及情感上的亲密接触，又涉及服务收费。对于一名治疗师来说，平衡这两者都不容易，更不用说一个苦苦挣扎的11岁男孩了。对Joseph来说，我已经不再关心他，也不再享受我们的时光。相反，我成了被雇用的帮手，我收费这件事被他视为一种背叛。

此时此刻，我真希望能写下这样的文字："我和Joseph一起解决了我们之间发生的事情，化解了我们之间的僵局。我们彻底理解了他为什么会感到被背叛，这样一来，Joseph与他人的关系也变得更加现实。"我多希望我还可以写出："Joseph学会了重新信任我，看到我即使是一个专业人士，但仍然关心他、想要帮助他。"但事实上，治疗并没有恢复，我们继续工作几个月后，Joseph开始拒绝参加治疗。我和Diana讨论过继续治疗的问题，但她不想给Joseph太大压力。我们商量好保持联系，如果有新情况发生，她会打电话给我，我们决定让Joseph先冷静一段时间。

虽然我和Joseph不再见面，但他和他妈妈仍然"存在"于我的办公室里。Diana偶尔会来电告诉我Joseph的最新情况，有好的，也有不太好的。虽然他已经明显摆脱了我初次见他时的抑郁状态，但他在学校的表现仍然很差。他学得不太好，与老师相处得也不好，而且缺乏动力。他还是无法阅读。一些专业人士建议Diana放弃关于Joseph可以阅读的"梦想"。对于一个在二十一世纪的纽约长大的孩子来说，把学会阅读当作梦想，这听起来很奇怪。尤其是当这个孩子就读于一所专门帮助有学习障碍的儿童的学校里时，就显得更加奇怪。但Joseph并没有学到什么，而且他已经换了很多老师和专家。虽然与Diana谈话的人能共情她，但他们还是希望她可以接受Joseph当前的现实处境。Diana听后，哭了一会儿，然后又像往常一样去寻找其他解决办法。

Diana来电说她有个想法，但她承认这个想法可能不太明智。她想让Joseph在家上学。Diana向我保证，她并不打算亲自教Joseph，而是让Joseph不再去特殊学校上学，转而与一位专门培养阅读能力的家庭教师一起学习，在这个过程中，Joseph在家的时间也会比过去几年多。Diana对Joseph在学业上缺乏进步感到越来越沮丧，她认为Joseph在目前的学校里没有进步，也不太可能会进步。她想听听我的意见。

几年前，我曾遇到过类似的情况，某个家庭的孩子在应付学校的各种要求上出现了困难。考虑到孩子的困难，这家人认为应该让孩子在家接受教育，并向我征求意见。我不建议他们这样做，因为孩子会失去学校里的社交机会，他和父母的关系也会变得过于复杂和不健康。这个家庭选择忽略我的建议，仍然选择让孩子在家上学。那个男孩在家接受教育的那一年取得了显著进步，与此同时，他的情绪变得更加稳定，学习成绩也有所提高。他后来重返校园，十多年后，享受着美好的大学生活。幸好他们没有采纳我的建议。

基于这样的经验，我想到了Diana的选择。我担心Joseph会错过社交体验，抗拒他母亲的规则，而且他们还会经常发生矛盾，Diana还面临着使Joseph失去教育局安置席位（Board of Education placement）*的风险。如果他离开现在的学校，而在家上学的方案又失败了，那么Joseph将来除了在一个资源不足的大教室里上课之外，几乎没有其他选择。负面的可能性显而易见，这很令人担忧；且目前的情况确实不如人意。Joseph的学习成绩很差，一些人建议他的母亲接受Joseph面临职业培训和终身文盲的未来。

然后就是我在这个决定中所扮演的角色的问题。我不喜欢告诉别人应该做什么，也不认为治疗师应该这样做。我们的工作是帮助人们做出决定，而不是替他们做决定。正是通过帮助父母做出判断，我们才能发展他们在今后的生活

★ 为保障特殊儿童受教育的权利，教育局为他们在特殊学校进行教育安置，让他们接受特殊教育服务。——译者

中做出深思熟虑养育决定的能力。不过，"帮助"意味着治疗师积极参与父母的决策过程，与他们一起考虑利弊和无形的因素，为他们的选择提供依据。在这个案例中，我承认我为Joseph设想了一个更美好的未来。也许有人会说，我过于偏向Diana的观点，认为Joseph能够取得一些成就，而忽视了老师和测试报告对他能力局限性的描述。但是，如果Joseph所需要的，正是一个来自家庭以外的人，愿意期待Joseph可以拥有（与根据其过往表现所预测的未来相比）更美好的未来呢？

当时，我想到了Hans Loewald的著作中提到：相较于一个人目前是什么样的，治疗师对这个人有可能成为什么样的人的看法，通常是最有效的治疗因素。正如Loewald（1960）所说：

如果分析师始终保持对这种正在出现的内核（emerging core）的关注，他就能避免按照自己的意象塑造病人，或者把他自己对病人应该成为什么样的人的观点强加给病人。这需要分析师保持客观和中立，其本质是对个体和个体发展的爱与尊重。

父母与孩子的关系可以作为一种模型。理想情况下，父母处于与孩子共情的关系中，理解孩子所处的特定发展阶段，同时对孩子的未来充满期待，并在与孩子的相处中将这种愿景传递给孩子。这种愿景是基于父母自身对成长和未来的经验及了解，在理想状态下，它是孩子向父母呈现的那个核心存在的一个更清晰、更完整的版本。父母将自己所看到和了解到的"更多"传递给孩子，使孩子能够通过与之认同而成长。孩子通过内化父母的方方面面，同时也内化了父母对孩子的意象——这种意象通过各种处理方式，在身体和情感上被传递给孩子。

我告诉Diana，我认为她的计划是可行的，只要Joseph定期回来见我或其他治疗师，这样她也能在家庭动力方面获得支持。Diana征询了很多专业人士的意见，毫不意外，这些意见之间是有分歧的。我完全理解让Joseph继续在学校学习的立场，老实说，当我向Diana提出可以在家上学的建议时，我也有担忧，因为我知道一旦她得到肯定，她就会继续执行她的计划。她知道她的想法是最好的，她只是希望有人告诉她这是正确的，而那个人就是我。于是，Joseph开始在家上学了。

在经历了这么多年的学习失败后，毫不意外，Joseph给他的家庭教师带来了考验，并对学习感到厌倦。应Diana的请求，我和老师进行了交谈，把Joseph的情况告诉了她，她看上去很理解Joseph，对他很有耐心。她也觉得Joseph很让人生气，但这是意料之中的事，我对她积极的态度感到高兴。尽管我做了一些努力，但在Joseph开始新的学习旅程之际，我还是没能见到他。

一天傍晚，我离开办公室，上了一辆回家的公共汽车。当我坐下来时，听到身后传来熟悉的声音："Kronengold博士。"是Diana，她过来和我聊了几分钟。通常我只会打个招呼，但这次情况不太一样。Diana和我聊了一会儿有关Joseph的事，几天后，她打电话来帮Joseph预约我的治疗。这时我和Joseph的治疗工作已经结束快一年了。这一次，我走到等候室，看到Joseph和Diana坐在我办公室外的长凳上。Diana紧张地笑了笑，Joseph一脸疑惑地走了进来。我们坐下来，看着对方，笑了笑。"你好。"Joseph苦笑着说。"你好。"我答道，眉毛向上抬了一下，"我们有一段时间没见了，"我补充说，"你还好吗？"Joseph夸张地点了点头："很好，很好，我很好。""三个很好。"我说。"你还是那么善于观察，什么都瞒不过你。"Joseph笑着说。"我是专业人士。你看，这都是训练出来的。""真的吗？你在这方面下过功夫？""是的，我们上过一门课，需要计算人们说某些话的次数。我一直很擅长这个。""是吗？""我是全班第一名。""有点像数糖豆比赛。""嗯，是的，有点像。"我们都笑了。在我们笑声中，逐渐凝固的紧张气氛终于开始消散。又讲了几个笑话后，我终于说出："你知道吗，很高兴再见到你，也很高兴你回来了。去年你很生我的气。""是啊，已经过去了。""我很高兴。"我暂停了一下，"一切都是从一张支票开始的。""是哦，我都忘了。""是吗？只是有点忘了吗？""好吧，好吧。我明白了。我们没必要再花一年的时间来讨论这个吧。我们别小题大做了，好吗？"Joseph开玩笑地举起双手，似乎想让我冷静下来。"好吧，"我继续说，"让我再说这一件事，我确实很喜欢你，也关心你的情况。我很喜欢我们在一起的时间，也很喜欢和你见面。我想说，我很高兴你回来了。"我在这停顿了一会儿，才继续往下说，因为我想修补一年前的裂痕。"我跟你见面是会得到报酬的，这确实是事实。我希望这不会与我刚刚说的话矛盾。"Joseph摆摆手："啊，没事的。""你确定吗？""是的。""肯定？""当然。""你不会再朝我扔东西了吧？"我带着一点幽默地说，我知道这会让我们都放松下来，同时如果Joseph想进一步讨论这个问题，也给他提供了机会。"暂时不会。"Joseph带着一丝迷茫的微笑和眼神补充道。

于是，我和Joseph重新开始治疗工作了。他需要一些时间和机会来接受

和消化我们之间发生的事情。我很想让Joseph从一年前我们治疗工作残留的不快中走出来。但是，想要修通这个部分，可以去鼓励甚至推动他，但不能强迫他。一个孩子必须感受到一种安全感和掌控感，才能准备好去探索自己的情感，尤其是像Joseph在看到支票后产生的那种强烈而深刻的情感。我必须尊重他的节奏，相信即使他离开了一段时间，仍然可以回来处理需要解决的感受。在后来的治疗中，Joseph和我再次谈到了支票、我收取费用以及他的惊讶和失望。我们的讨论并不是特别具有突破性，但却给了Joseph处理自己感受的机会，并在这个过程中消化他的失望和背叛感。在接下来的几个月里，他一边在家上课，一边和我进行治疗。他每天都在冒犯我，在大多数纸牌游戏中作弊，用他一如既往的幽默为难我。再次见到他是相当快乐的事。我们的治疗又恢复了色彩。

至于他生活中的其他部分，Joseph开始了他的家庭教育生活，由一家校外家教服务机构管理他的课程，这跟他不再接受的正规学校的安排颇为相似。家教小组的负责人时不时地和我交流，因为Joseph让他的家庭教师感到非常艰难，他时而假装漠不关心，时而公然敌对。我鼓励老师坚持下去，因为Joseph无论如何都需要更多相信他的人。他的古怪行为只是装装样子，实则隐藏着一种脆弱和渴望，如果允许它们浮出水面，可能会让Joseph走得比他现在所展现的更远。随着时间的推移，Joseph继续给他的家庭教师制造麻烦，他转移话题，贬低某种阅读方法，侮辱她的个人习惯和时尚选择。但同时，他也开始阅读了。

Joseph有生以来第一次在学业上取得了进步。他和家庭教师的合作初见成效，他对功课的态度也慢慢从倔强转变为投入。Joseph能够将他天生的好奇心、幽默感和聪明才智运用到学习中。他在学业上仍然很吃力。Joseph现在并没能阅读流畅、进步到与同龄人相当的水平。实际上，他的学习挑战会伴随他的一生。但是，他在阅读，在做作业，他在六个月的时间里学到的东西比他在过去整个学校生涯中学到的还要多。

又过了几个月，Joseph和他母亲决定是时候重返校园了。他花了一年多的时间在家上学，虽然他的学业取得了显著进步，但Joseph还是希望能回到教室里和其他孩子一起上课。基于他的进步，Joseph被一所实力更强的学校录取，这所学校专门为有学习障碍的儿童提供服务。他已获准在下学期入学，与此同时，他正享受着自己的生活。Joseph还做出了一个决定，他想暂停治疗，哪怕只是一段时间。他觉得自己做得很好，已经取得了进步，想要更加独立。我尊重Joseph的决定，春天时我们再次道别，并约定与他和他妈妈保持联系。那年春天，Diana和我联系了几次。Joseph的学业一直在进步，以至于人们很难想象他曾经的样子。Diana和Joseph还是会在家里争吵，但吵得并不像其他父母和他们青春期的孩子那样频繁。Joseph走出了困境，在他自己的努力和他妈妈的支持下，他在过去的两年里走得比任何人想象得都要远。我最后听到的消息是，他打算在暑假里放松一下，跟着阅读老师一起学习，保持熟练的阅读能力，为秋季学期做准备。时隔近两年，Joseph终于准备好重返课堂了。

Joseph的新学校是为那些在学习和发展方面有困难的学生设计的。这所学校的学生和他以前学校的那些学生不同，前一所学校招收的是有更严重发育缺陷的儿童。我预料到重返学校的过渡可能会充满挑战性，并建议Joseph在开

学前和我见一面。但Joseph拒绝了，他更愿意独自面对。我有点担心Joseph会如何处理学业，如何重回大教室开始学习，以及如何融入新学校的社交环境。

开学一个多星期后，我收到了Diana的信息。Joseph没有去上过一天学。他整天躺在床上，尽管Diana尽了最大努力，还是无法让他振作起来。她担心到目前为止一直给予支持的学校会失去耐心，Joseph终将失去他的入学资格。Diana和我说着话，她的声音因担心Joseph的状况而变得嘶哑。她从未见过Joseph这样，如此消沉，毫无生气。我们约好让Joseph第二天来见我。我不确定他是否能来到我的办公室，我预估我们可能需要多约几次。但是，那天早上我打开门禁看到了Joseph，我在等候区迎接他进来。他看起来很憔悴，坐在椅子上，垂着头，眼睛耷拉着，衬衫露出来，低腰牛仔裤看上去破破烂烂，一点也不时髦。他用一种会意而锐利的眼神跟我打招呼，这让我确信：尽管面临挑战，但那个坚韧不拔的Joseph依然在，并准备好了重新面对问题。Joseph在办公室里坐下，又看了我一眼，然后说："嘿。""嘿，你看起来有点，嗯……我在想一个合适的词。""疲惫？""不止。""非常疲惫？""快接近了。""好吧，精疲力尽？"听到这里，我知道我们惯常的幽默仍然有用，于是决定继续说下去。"快猜出来了。"我说。"像个流浪汉？"Joseph疑惑地问道，流露出苦笑。"这太有评判性了，不过没关系，你已经明白了。"我说，"你看起来有点……老实说，很糟糕。发生了什么？我听说你起不了床？""是啊。"说到这里，我们的玩笑结束了，我和Joseph开始了更严肃的讨论。我们眼中的光芒被严肃所取代，我们都明白他正经历着他年轻生命中极具挑战和影响深远的时刻。我们在漫无目的的交谈中，思考着他对学校的焦虑和早上坐校车去学校的细节。停顿了一会儿，Joseph又看了看我，又停了一下，最后脱口而出："我……我……我只是不知道我是否愿意承担责任。"

我到现在依然记得，Joseph多年前说的这句坦诚的话，一切就像发生在昨天一样。那一刻，他是如此清醒。Joseph明白回到学校会给他的生活带来多大的改变。他所学的课程将带领他完成高中学业，并有机会进入某所大学学习，而后获得学位。而在这之前，他原本的轨迹是，需要通过持续的帮助获得有限的职业培训，这是他当时最好的选择。当我们初次见面时，Joseph在生活的很多方面都需要帮助，在学校和家里都是如此。他沉迷于电脑游戏，也很难照顾自己的身体需求。现如今，他发生了如此大的变化。在这个过程中，他开始感到害怕，不确定自己是否能适应这个他正在冒险进入的新世界。这种情况下，他反而选择躺在床上。这是一种我们偶尔都能体会到的感受。但对于Joseph来说，这种感受已经失控了，导致他陷入一种更黑暗、更虚弱的抑郁状态，而这种状态危及到他前期所有努力的成果。Joseph的话语听上去直白而令人沮丧，但同样是他的坦诚让我相信他能够继续向前迈进。

Joseph的校长非常同情他的困境，并尽全力帮助他。学校为Joseph提供了灵活的学习安排，他可以根据需要每天只上一部分课程。他的母亲愿意接送他，这样Joseph至少可以在部分时间去上学。Joseph的父亲也重新回到他的生活中，并自愿提供一些帮助。在这些支持下，Joseph开始慢慢起床去上学。起初，Joseph每天只有一部分时间能去学校，但很快，他就适应了学校生活，并开始交朋友。几周后，他彻底重返学校，每天早上准时到达校车站，重新开始了一个月前看似很渺茫的成功之路。

在那一学年剩下的时间里，我持续和Joseph进行治疗，并和他的母亲保持交流，以确保家里一切正常。暑假前我们开始逐渐减少见面次数，Joseph的精神状态很好，并且拿到了一份非常不错的成绩单。他的社交活动越来越多，于是我和他商定暂停治疗，他可以不定期来见我，看看进展如何。考虑到秋季返校可能会面临挑战，我们约定九月份见面，以确保一切进展顺利。

那年秋天，我见过Joseph几次，他的过渡期问题似乎已经解决了。我们商议，他或他的母亲将定期通过电话向我更新情况。刚入冬的时候，Diana给我留言，告诉我Joseph在学校表现得很好，并让我了解家里仍然存在的一些矛盾。她偶尔也会来电询问我一些具体问题或夏季计划。此时，Joseph的生活似乎已经重回正轨，而我也扮演起了儿童治疗师在治疗结束后的常规角色。如果有需要，我可以提供帮助，但我真的不希望除了定期沟通之外还有其他事情发生。

在Joseph高三那年传来了一个意外的好消息。Diana联系我，告诉我Joseph需要做一个简短的测试，这样他就有资格在标准化测试中获得加时并在下一所学校获得额外的学习资源。Joseph准备申请一个两年制的大学课程，希望之后能转学完成四年制的本科学位。他问我是否可以和他一起做评估。通常情况下，我不会评估跟我治疗的孩子，因为这两项工作确实无法很好地结合在一起。治疗中有一种开放式的感觉，主要是基于孩子和治疗师之间的关系。而测试则要求孩子完成各种认知和学习任务。最好的方式是评估人员能够轻松地完成标准化任务，而不带有太多的情感包袱。我曾经因为某些经济或治疗方面的原因，对一些接受过我几次治疗的孩子进行过测试，但我一直挺后悔这个决定的。一个习惯于和我一起以开放式的方式工作的孩子，突然被我问到词汇问题，并就某些题目的回答计时时，会变得很生气。接受过我测试的孩子在我面前变得更局促不安了，他们担心，我对他们的印象会因为他们在视觉空间任务或阅读理解问题上的失误而大打折扣。治疗本应该是接纳的；测试也应该是接纳的；但偶尔不是这样，这或许就是它被称为测试的原因。

基于我以往的经验，我对Joseph的请求感到犹豫。我最不希望发生的，就是在我们的工作中让Joseph感到失败。另外，考虑到我已经有几年没有在治疗中见过他了，且评估会很简短，加之Joseph特别要求我做这次评估，我尊重Joseph的想法，他这样做可能有他自己的理由。实际上，我也希望由我来做这次评估。我和Joseph一起经历了很多。我很钦佩他的力量和他母亲的坚韧。我们停止治疗后，我经常想起他，这个几年前还不会阅读的男孩，现在要上大学了，我想以自己的方式参与其中，这有错吗？我想参与他大学进程的一部分是不是太自恋了？也许吧。但如果这一次，我是这个过程的一部分，是Diana和Joseph多年来建立起来的治疗和支持性大家庭的一部分，又会怎样呢？

Joseph走进我的办公室，带着熟悉的微笑向我打招呼。他现在比我高了，下巴上有留了几天的胡须，走路时充满自信。"很高兴见到你。"我说。"是啊，我也是。回来的感觉有点奇怪。""我能想象。不过情况有所不同，对吧。""我知道，我要上大学了。这很疯狂吧？""你妈妈给我留言时我开心了一整天。你感觉怎么样？""我要上大学了。你懂的，我感觉非常好。只是太疯狂了，对吧？""我知道，几年前谁能想到呢？想象一下，在你小时候我们刚开始治疗时，如果有人说，我们会再次见面做测试，这样你就能在 SAT 考试中获得额外的时间，那会怎样？""那时我不会阅读，也不会拼写。对吧。（手势）""是的。（我也做了手势。）"就这样，我和 Joseph 开始了我做过的最有趣的评估。我念出一串数字让 Joseph 复述，当他记不住的时候，他就开始编一串无意义的数字和音节，一边自嘲地笑着，一边像往常一样翻白眼。越困难的词汇越让他有了更多的发挥空间——"那是什么词？等等，那真的是一个单词？是英语，对吧？我几年前才学会阅读。我觉得你不应该问我这样的单词。我的意思是，你知道，我可能会开始感觉非常糟糕，然后，一切就都结束了。""就这样？""就这样，我会放弃。我会马上回到床上。"然后 Joseph 开始拆解其他问题。"Ana 开车开了 20 英里*，Joe 开了 10 英里，Bob 开了 15 英里。那么 Ana 比 Bob 多开了多少英里？""等等，Joe 怎么了？故事里有他，为什么问题里没有他？就好像他只是被扔进去（加重语气）来迷惑人。天呐！（他夸张地举起双手。）"最后，我们谈到一个名叫 Miguel 的小男孩的算术问题。"那天是 Miguel 的八岁生日。他妈妈给了他（我停顿了一下。）一美元。""可怜的孩子。"我咬着嘴唇，努力忍住不笑，继续提问。"Miguel 花 19 美分买了一支钢笔。""这也太难过了。""还有，（这时我真的没忍住开始笑了起来。）花 26 美分买了一把梳子。"这时，Joseph 哈哈大笑起来，我也大笑不止，他看着我说："这个测试要花多少钱？""你不会想知道的。""不，我想知道，这太可怕了。我是说，我现在因为 Miguel 感觉糟透了。我甚至都不认识这个孩子。他根本不存在，而我现在心情却很糟糕。"

---

*1 英里约为 1.6093 公里。——译者

　　我们的两节测试继续这样进行，包含一堆问题和任务、一些非常有趣的共享时刻、一份关于学校和大学申请的简要报告。最重要的是，我和Joseph都乐在其中。他经历了那么多——癫痫、学业问题、抑郁。在我们的关系破裂之后，他又和我坐在一起，参加一系列帮助他进入人生下一阶段的测试。我和孩子们在一起的大部分时间都是在帮助他们克服困难。一旦他们感觉好些了，他们通常就会离开，而我也不再和他们或他们的家人有太多联系。与Joseph见面的机会就像是我们自己的庆祝活动。我们互相祝福，我向他妈妈确认这份报告是否已经涵盖了他上大学所需的内容，而Joseph则继续开始他的申请。

　　我时不时会想起Joseph，希望他一切顺利，并保持良好的成绩来支持他的申请。我想知道他会去上哪所大学，会学什么专业；想知道他第一次离家会是什么感觉，和室友住在一起的经历以及其他新的经历。我为Joseph人生的新篇章感到兴奋。然而，事情却可怕地偏离了轨道。

　　几个月后，我从Diana那里收到一个非常意外的消息。她从医院打来电话，告诉我Joseph在过去的两周一直病得很重，经过几天的检查，他被诊断出患有一种侵袭性白血病。她问我能不能给她回个电话，她努力让自己的声音在我的电话答录机上保持平静。

　　我呆坐在椅子上，一时间无法动弹。这怎么可能是真的？一个克服了如此多挑战的年轻人，在即将做出最关键的选择、抓住新机遇的时候，竟然病倒了？癫痫、阅读障碍、白血病。这不可能。他这么年轻就承受了这么多，太不公平了。这情形就像个残酷的玩笑，这不可能。

　　我拿起电话联系了Diana，她哭了起来，随后镇定下来，我在电话这头也尽量保持冷静。Diana提到，医生认为这可能是Joseph小时候服用的癫痫药物引起的罕见副作用。Joseph努力保持坚强，但他非常沮丧。接下来的几个月里，他将断断续续住院接受治疗，第一轮治疗才刚刚开始。Diana询问我是否可以在医院和他进行治疗。

　　心理治疗本应该在办公室里进行，那里有能保证隐私性和安全的治疗空间，为探索那些在现实世界中不易触及的情感提供了机会。然而，有时候生活并不能完全配合，我与Joseph和他母亲的工作一直是"不走寻常路"的。当我走进Joseph的病房时，我意识到隐私可能是个问题，因为各种医护人员在他的病房里进进出出。我还意识到，这只是这个年轻人面临的诸多问题中的最小的一个。他带着一副惯常的无畏表情，坐在病床上与护士长争吵，护士长显然在Joseph到来后不久就厌倦了他。我们互相看了看，又交换了一个眼神，从那种眼神中仿佛能捕捉到一系列对话。那种眼神在说："这次彻底搞砸了。""我很遗憾你现在在医院里。""你能相信我现在要面对的是什么吗？我怕得要死。""我明白，这太不可思议了。"所有这些没有说出口的话，都在我们彼此打招呼时传递了出来。Joseph正对着护士破口大骂时，我在他的床边坐下。

　　我不太记得那次在医院交谈的前后经过了。我和Joseph坐在一起，我们谈论了医院、他的感受，以及他是如何发现自己生病的。他躺在病床上，周围是一堆静脉注射管、生命体征仪导线和电子游戏机数据线。作为一个游戏玩家，Joseph把他的Xbox游戏机放在床边。和往常一样，他还是那么"务实"。

谁又能责怪他呢？这周早些时候，他因为意外感染而发烧，身体很不舒服。大多数时候，我只是坐在Joseph旁边，听他抱怨。当然他有足够的理由这么做。在我们第三次被护士打断后，我离开了，她需要检查Joseph的生命体征并给他用药。我走到医院大厅，在候诊室里跟Diana聊了几句，然后走出医院，我决定花20分钟走回我的办公室，边走边想我该如何帮助Joseph度过这段艰难时刻。我最担心的是，Joseph能否挺过来。

两周后，当我再次探望Joseph时，发现他的感染对治疗毫无反应，他显得虚弱而疲惫。这个时候，简单的动作也变得很困难，因为Joseph需要一些帮助才能从床上坐起来和从医院的托盘里拿取食物。Joseph没有太多的话要说，也许是他没有精力。他告诉了我一些他的日常和生病后感觉多么不舒服的细节。他学校的朋友们一直和他保持联系，Joseph给我指了指他们寄来的卡片和礼物，当我大声朗读他们的留言时，他的眼睛稍微亮起来一些。Joseph一如既往的坚韧令人印象深刻。在那个时候，他本可以选择更容易的事情——躺回床上什么也不做。那一刻，我意识到，只要有人在他身边，就可以为他提供支持，而我的工作就是陪在他身边，给予支持，并让他随时可以跟我倾诉。

在见Joseph之前，我需要提前打电话确认他既有时间又能够见面。有些时候，治疗、预约或检查已经安排好了，而另一些时候，Joseph刚做完一项治疗，疲惫不堪，无法见面。我一直和Diana保持联系，她大部分时间都在医院陪Joseph治疗，有时我也会和Joseph通过电话进行简短的交谈。

一个月后，当我再次见到Joseph时，他看上去精神了一些，当我走进他的房间坐下时，他正聚精会神地玩着电子游戏。Joseph很难从游戏中抽身，我坐下来的时候，他几乎没有注意到我，眼睛一直盯着屏幕。我们就这样坐了几分钟，直到我感到很无聊，感觉Joseph可能已经准备好恢复我们平常的关系了。"嗯，这样很好。我大老远从城里跑来医院看你，你却坐在这里玩你的小游戏。真不错。"Joseph笑了笑，放下游戏，转身看向我，不紧不慢地说："对不起，请告诉我你今天遇到的问题。我得了白血病住进了医院。现在你说吧。"轮到我了，我继续说："嗯，事情是从我办公楼的电梯开始的，它延迟了。""真糟糕。""然后我不得不等公交车，结果我上了公交车，却没有座位。我只能一直站着到这里。""不容易啊。""对啊，我累坏了。能给我点时间缓缓吗？""当然，你需要多少时间都行。"我假装喘了口气，平复了一下。"好的，这样好多了。那么，最近你的生活中有发生什么事吗？""嗯，让我想想。其实也没什么。哦，等等。有一件事，对了，癌症！"

我永远弄不明白我和Joseph是如何进入这种喜剧节奏的。显然，我们都喜欢用幽默的方式来应对困境。更重要的是，在那些可能无法用言语表达的时刻，我们把幽默作为一种连接彼此并让我们凝聚在一起的方式。或者说，当我们无法用言语表达，但捕捉到Joseph当下的恐惧时，可以用这种喜忧参半的幽默来表达对Joseph所处境遇的恐惧。幽默将我们重新联系在了一起，我们谈论了Joseph还要在医院住多久，以及他出院后的打算。我们想象着Joseph的大学申请论文将围绕癫痫、严重的阅读障碍和白血病展开。"我有这么完美的申请材料。你能想象有人会拒绝我吗？"想象着他如何写出这篇悲惨的文章，以及面试时可能出现的对话，我们都笑了。当Joseph还在希望自己能活下来时，能够笑出声来是多么美妙啊。

接下来的几个月，Joseph的病情不断好转。治疗很有效，一个月后我去见他时，Joseph的气色好多了，精神也更振奋了。他已经不再和护士争吵了，而是把注意力集中在重返校园上。正如Joseph期望的那样，检查结果显示他的白血病得到了缓解。Joseph很清楚，在接下来的两年里，他需要定期接受监测，病情才能被认定完全缓解，但随着他重返校园完成高中学业，他感到更有希望了。

几周后，我打电话询问Joseph的情况。他已经回到了学校，而且看起来表现得还不错，能处理好学业，重新与朋友建立联系，还和妈妈发生了标准的青少年式争吵。我电话随访了几次，Joseph一切进展顺利。我们保留了让他来办公室见我的可能性，但目前Joseph更愿意回到他高中生的正常生活中去。这是后续几个月里我最后一次听到来自Diana或Joseph的消息。

当我再次在电话答录机里听到Diana的声音时，不由地紧张了起来，因为我知道需要对Joseph进行严密监测以防白血病复发，我有些担心Diana接下来会说什么。当Diana找我要一些证明文件，以便Joseph可以参加一个为期两年的大学课程时，我才放松下来。毫无疑问，我听到这个信息非常高兴，给Diana回了电话，更直接地听到了好消息，Joseph再次进展顺利，现在很健康。我会定期接到电话，知道Joseph去上学了，享受着战胜病魔的胜利，取得了白血病两年未复发的里程碑。他完成了副学士学位，并计划转到另一所大学完成学业。Joseph走过了一段多么了不起的旅程啊！

当然，Joseph的故事并没有就此结束。这个故事预期的结局应该是

Joseph考上了全日制大学，从此过上了幸福的生活。但是，整个治疗的重点在于，很少有事情是按部就班或按计划进行的。相反，我们的治疗工作随着Joseph生活中充满变化的挑战、机遇和命运的曲折而不断变化。和Joseph一起工作最大的收获是，我们看到心理治疗的起起伏伏，以及两个人在亲密的情感空间里工作时，会发生不可预知的事情。作为治疗师，我们可以发展治疗技术、模型和框架，并且应该持续这样做来促进我们的工作，来提高我们的能力去帮助那些正在经历某种痛苦的人。然而，我们的工作中"人性"始终是核心，有时需要有这样的治疗（指和Joseph一起工作的经历）来提醒我们——或者至少能提醒某位治疗师——我们和每位参与治疗的人之间的个人关系至关重要，需要尊重其个体的独特性及不可预测的人生道路。

在一个秋高气爽的周末早晨，我正走在公寓不远处，听到街上传来熟悉的声音："Kronengold博士。"我走到Diana身边，问她最近怎么样，Joseph有什么新消息。"他还能再去见你吗？""当然。"我说，同时充满期待地看着她。Diana继续说："他从大学回来看我，他不是很开心。最近事情有点乱糟糟的。我觉得和你谈谈对他会有好处，他也说想见你。"我告诉Diana，我当然很乐意见他，于是，在百老汇的拐角处，我们计划开启治疗工作的新篇章。

Stories from
Child & Adolescent
Psychotherapy

A Curious Space

儿童青少年心理治疗的故事

创造好奇的空间

第五章

18（皇马）：

18（热刺）

*

"欢迎来到伯纳乌球场。今天马德里天气晴朗，由伟大的 Cristiano Ronaldo 领衔的皇家马德里全明星队将在主场迎战由足球新星 Gareth Bale 领衔的托特纳姆热刺队。皇马在这场欧冠决赛中备受青睐，有希望再次夺冠。他们遇到了这支出人意料的热刺队，这支球队突然崛起，向欧洲豪门发起挑战。全世界都拭目以待——这将是皇马的又一次胜利，还是'灰姑娘'热刺上演不可思议的逆转？球场里挤满了焦急的球迷。国歌响起，比赛开始，皇马控球，准备进攻。Ronaldo 带球向前。他一边护球，一边抬头看向球门。他一直在寻找破门的机会。Ronaldo 右路回撤，左路再回撤，令热刺的防守一片混乱！他射门了！哎呀，只差一点！就差几英寸！皇马的开局真是精彩！热刺将如何应对？你一定很想知道，这些球员在他们职业生涯迄今为止最重要的比赛中是什么感觉。球到了热刺球星 Gareth Bale 的脚下，他带球向前，想给大家留下深刻的第一印象。Bale 在边路快速带球。热刺有可能先发制人吗？！"

并不是每个人都喜欢玩城堡、木偶或是动物玩具，也不是所有孩子都喜欢画画、玩沙子、玩乐高。实际上，有些孩子非常不喜欢玩这类游戏，甚至对此嗤之以鼻，他们更喜欢体育运动，比如棒球、篮球或足球这类活跃的游戏。这些儿童通常都是男孩，当然也不全是男孩，因为我曾和各种各样的儿童一起玩不同的游戏。关键在于，儿童治疗室里存在着个体差异，这会影响孩子们玩什么以及怎么玩。

治疗师之间也存在着差异。Frankel（1998）谈到了他自己在游戏中的偏好，以及这些偏好对他所治疗的儿童可能产生的影响。例如，他提到他办公室里的孩子倾向于进行更活跃和更具戏剧性的游戏，他们把家具当作帐篷，像愤怒的狮子一样咆哮，而相比之下，他的一位受人尊敬的同事，其治疗往往会更安静，游戏中涉及了玩偶、沙子和美术。Bellinson（2002）谈到了她在儿童治疗中使用棋盘类游戏的经验，同时她还坦诚地承认，涉及身体活动的球类游戏对她来说是不太舒服的。治疗师是带着自身不同的个性、兴趣和天赋，当然还包括每个人不同的经历来到儿童治疗室的。他们的兴趣和偏好如何与儿童的兴趣、偏好相匹配，可能对治疗进程至关重要。

问题是，某一类游戏是否比另一类更好。有些类型的游戏显然更具有象征意义和丰富的隐喻，而其他游戏则显得更实在和具体。就体育运动而言，我们经常谈论它对身体和社交发展的积极影响，以及由此产生的自尊感的提升。然而我们在谈到体育运动时，很少将其视为一种带来更深层次的情感或心理体验的手段。

但事实真是如此吗？当然，体育锻炼、掌握技能和提升自尊都是很好的，但对于那些对运动有更深刻个人感受的孩子来说呢？对于那些通过行动体验世界，并且球类运动占据了他们心理上有意义的空间的孩子呢？实际上，体育运动是许多孩子最喜欢的活动。这就是体育课和课间休息通常是打篮球、踢足球、玩捉迷藏等活动的时间，也是学校每天最受欢迎的时间的原因；这就是很多孩子喜欢去公园，以及夏令营总是如此令人难忘的原因。运动让人感到自由，是一种独特且富有表现力的体验。Jennings（1990, 2011）谈到了具身游戏（embodied play）在儿童身份认同发展中的重要性，强调了身体形态在游戏中的作用，这种游戏可能始于婴儿期，但会持续贯穿整个童年和青春期。

Jennings的研究虽然涵盖了各种形式的游戏和角色扮演，但重点关注包含运动和舞蹈的身体体验，并将其视为儿童的一种重要且自然的表达方式。

　　Alex是一个对传统假想游戏中的玩具毫无兴趣的孩子。他小心翼翼地走进我办公室，站在门口四处张望，同时回头看向等候区的母亲。我邀请Alex四处看看，当他安静地观察周围的环境时，我向他介绍了我的城堡、各种骑士和装着动物玩具的游戏屋，以及一些木偶、美术用品和动漫玩偶。Alex并不感兴趣，他继续走着，小心地迈着步子，眼神谨慎地打量着我墙上的艺术品、椅子摆放的位置，以及窗外的景色。我打开一个放在角落地毯旁的大竹篮的盖子，提醒Alex里面有乐高玩具。他还是不感兴趣。8岁的Alex体格健壮，他小心地在我的办公室里走来走去，避开了地毯上散落的积木和椅子的边缘。他脚步很轻，一只脚放在另一只脚的前面，好像在测量地板的坚固程度。Alex无意中发现了一个小小的软塑料足球。他的目光终于停了下来，把球拿在手里，左右转动着。"你喜欢足球吗？"我说出了自己的好奇。"嗯哼，"Alex回答道，他点头的动作比他的声音更响亮，然后他用几乎听不见的声音迅速回了一句，"你呢？""嘿，巧了，我也喜欢。"我停顿了一下，沉默片刻接着说："我去年算是变成了球迷。"Alex饶有兴趣地抬起了头。"你喜欢谁？"他问我。"谁？"我疑惑地问。"哪支球队？"Alex解释说。"托特纳姆热刺队。"我自豪地回答，这时Alex挑了挑眉，"我喜欢皇家马德里。热刺是谁？"他问。"他们在英格兰踢球。"我解释说。Alex停顿片刻，接着说："我知道英格兰的一些球队，切尔西、曼联。你踢过足球吗？"我停顿了一下，回答说："是的，有时候踢。""在一个球队里吗？"Alex很好奇。"不，只是为了好玩踢一踢。"我解释说。"好吧，"Alex又点了点头，然后继续问，"你和谁一起踢球？"

就这样，我开始了和Alex的足球之旅。他的父母最近刚离婚，Alex表现出的困难主要与愤怒和焦虑有关。他总是把事情藏在心里，不会把烦恼和沮丧说出来。最终，这些情绪压倒了他，Alex要么情绪失控，要么变得极度恐惧，这种情况当他在家里跟母亲和兄弟相处时尤为明显。父母离婚对Alex来说很难面对，他非常想念父亲的陪伴。

Alex问我是否喜欢足球，喜欢哪个球员，和谁一起踢球。对于一个话不多的孩子来说，这一连串的问题，都是从发现一个小小的软足球和提到两支外国足球队开始的。我确实喜欢足球。实际上，足球已经成了我的一种爱好，虽然并不是一直如此。小时候，我更喜欢篮球和棒球，很少接触足球。随着我自己的孩子开始在社区业余联赛中踢球，这一切发生了改变，我也逐渐成为一名足球爸爸。我对足球的兴趣与日俱增。我会和孩子们一起去当地的足球用品店逛逛，看看最新款的球鞋。店里有一台大屏幕的电视、舒适的迷你球场座椅，还转播所有英超联赛的比赛。很快，我就成了一支英格兰球队的球迷，他们潇洒的进攻打法、哈利·波特式的名字，以及经典的球衣，都让人无法抗拒。我成了热刺队的球迷。

在大多数情况下，这些关于足球的信息完全无关紧要。有些人可能会说，我与足球的经历以及随机选择的英格兰球队其实跟治疗工作毫不相关，对我和儿童的治疗工作毫无帮助。有些人甚至会认为，我分享自己的兴趣是不利于治疗的。不同流派的临床医生都认同这个听上去很合理的观点，即治疗师不要用

自己的生活和兴趣来混淆视听。我能理解这种观点。治疗是要找到进入某个孩子内在世界的途径，并为其创造一个可探索的治疗空间。这种观点并不要求我和孩子有相同的兴趣爱好，只需要我对孩子的经历保持开放的态度，并找到让孩子参与其中的某种方式。事实上，我自己的兴趣爱好可能会分散注意力，减少对孩子自身经历的关注，甚至无意中期望孩子顺应我的世界，而不是我适应他们的世界。这种做法尤其不明智，因为许多进入治疗的孩子本身就已经在应对来自与他们的气质、反应或兴趣不相适应的世界的严苛期望了。

然而，治疗师的个性和生活方式总是以一种或微妙或明显的方式发挥着关键作用。正因如此，我们谈论的是寻找治疗师和儿童之间的恰当匹配，而并不是所有治疗关系都能以某种方式互换。就好像探索治疗师与孩子内在世界的交汇点可以被简化为一个公式或者烹饪书中的食谱一样。治疗的工作和挑战在于治疗师要利用自己的个性来促进治疗。Alex 是个超级球迷，而我的球迷身份让我得以进入他的世界，也让我们之间产生了一种特殊的连接。也许无论我自己是否对足球感兴趣，这种连接都会发生，但实际上我不这么认为。我一直在办公室里做运动。自从我对足球着迷以来，我恰好在这两年的时间里踢球的次数远远超过了我在过去二十年的培训和临床实践中的总和。

在 Alex 的案例中，我们共同的兴趣确实帮助他在会谈过程中感到更舒适。他经常在足球训练结束后来到我的办公室，身穿皇马或西班牙国家队的球衣。在某些时候，他还会穿上钉鞋，戴上护具，我们的会谈逐渐变得像是真正的足球训练赛。Alex 走进我的办公室，走到足球旁边说："准备好了吗？"或者"我们能踢球吗？"在我同意后，我们开始布置临时球门区，把椅子、竹篮和垃圾

桶当作球柱。我略带长方形的地毯就成了一个改良过的足球场。我希望我们的
比赛能成为 Alex 表达自己的一种方式；希望足球既能让他在治疗过程中感到舒
适，又能作为一种戏剧性游戏的形式，让我们的比赛促进他表达自己的世界。

我们开始踢球了。Alex 带球进攻，我防守他。我会带着一种适度、认真的
态度来踢球。我不会让 Alex 轻松带球过人，但我也不会拼尽全力去防守，因为
我希望他需要通过努力，同时又不至于太过艰难地来击败我。所以我防守时会
保持一定的克制，当我控球时，我会用半速踢球。我的球技并不是很强，所以
尽管我可以完成基本的足球动作，但我和 Alex 踢球时并不需要太过放水。我们
会记录比分，但不是特别关注比赛结果，最后胜利通常会轻松地倒向 Alex。几
次会面后，很明显 Alex 在我的办公室里更加自在了。我开始觉得我们的游戏过
于谨慎和礼貌，缺乏足球应有的激烈和自由。对我来说，这更像是高尔夫而不
是足球。我觉得我需要把比赛向前推进一些。我想让比赛更刺激、更有趣，展
现出更多内容。Alex 在生活中很谨慎，而他内心的情感世界却在积聚能量。我
认为足球可以让他把未曾表达的情感表露出来。

同时，我也想尊重 Alex 的踢球风格，不想竞争性太强。Alex 的小心谨慎
一定是有原因的，所以我决定通过引入一个外部角色来增加一些效果，就像我
在传统的假想游戏中所做的那样。我变身为一名球员兼解说员：一个能够真正
传达比赛激情而不单是平淡解说的播报员。碰巧我喜欢各种口音，我发现口音
能为治疗增加趣味和情感色彩。最简单、最具体的比赛只要通过恰当的声音演
绎，就能变得有趣而富有情感。这有点像电影配乐，为治疗空间增添了一层情
感色彩。于是，我化身为一名带有苏格兰／英国北部口音的解说员，这受到我

看的电视节目的启发，解说员讲话的方式往往很夸张。可以想象，这种口音本身就传达了一种对运动的感觉，现在我们开始称之为football*，它不仅仅是一场比赛，更是一种全心全意的拼搏。补充一句，用苏格兰口音说heart and soul（全心全意）更能表达出其中的深厚情感。我发现，我越"苏格兰化"，Alex在我们的比赛中就越活跃，他既能享受比赛的乐趣，同时又踢得更有激情。此时，我们不再是单纯地射门或礼貌地防守。相反，Alex开始采取行动，加强防守，而我也会作出相同的回应。我不确定此时此刻发生了什么，但我知道我们已经进入了一个更具有情感共鸣的治疗阶段。

　　在这些比赛中，我们谈到了Alex心爱的皇马队。Alex是这家俱乐部和他们的明星球员Cristiano Ronaldo的忠实粉丝。Ronaldo是一名极具天赋的足球运动员，他身上肩负着重任；他一直在寻求认可，他对更受欢迎的宿敌——巴塞罗那队的球星Lio Messi所受到的崇拜感到愤慨。Alex也很喜欢皇马的灵魂中锋Xabi Alonso，以及出色且有魅力的门将Iker Casillas，他是皇马谦逊的粘合剂和坚强的脊梁，相比起来，Ronaldo则更爱炫耀又极具天赋。观看比赛对Alex来说不太容易。他喜欢这种热烈的场面，但如果他的球队陷入困境，他也会非常沮丧。皇马是他自己的延伸，不同的球员是他性格中不同的部分。人们很容易用轻蔑的态度看待这种替代性的失败，除非你能够体会到一个人与一支球队之间的情感纽带，以及球队失利时感受到的那种真正的绝望

---

*这里作者已经进入角色，开始使用英式英语的说法——football，来代替美式英语——soccer。——译者

（Hornby，2005；Kleimberg，1998）。值得记住的是，一座城市为自己的冠军队举行游行，为失利队集体哀伤，都是有原因的。对 Alex 来说幸运的是，只有少数西班牙的比赛被转播，并且皇马通常都会赢，所以他并没有太多机会感到沮丧。Alex 也知道我更喜欢巴塞罗那，但我的选择并不是什么大问题，因为他知道我真正喜欢的球队是热刺。

"我今天是皇马队，你呢？"Alex 在会谈开始时宣布。

这倒挺新鲜的。"你觉得我该选哪个队？"我回答道，同时很高兴 Alex 为我们的比赛提出了一个更戏剧化的方式。"我不知道，"Alex 耸耸肩，"你决定吧，这是你的选择。""那你觉得呢？"我反问。"我不知道，"Alex 重复了一遍，"随便你。""没有什么建议吗？"我补充道。Alex 摊手耸了耸肩说："真的，你选吧。"我迟疑了片刻，思考着下一步该怎么做。选巴塞——皇马的宿敌，必定会很激烈。但是，有一支球队让我感觉是更发自内心的选择。"我选热刺。"我带着一丝骄傲地说，Alex 笑了笑，赞许地点了点头。

体育运动很少出现在儿童和游戏治疗的文献中。在一个重视象征意义的治疗世界里，运动对于治疗工作来说，可能被看作是活跃且具体的，甚至是缺乏深度且太过激烈的。尽管如此，运动并没有被完全忽视。Hudak（2000）谈到球类运动对于建立融洽关系和治疗情境的重要性。他的观点得到了许多治疗师的认同，他们通过球类运动让儿童感到舒适，随后再过渡到治疗性对话或是传统游戏中去。Altman（1997）更进一步地将运动视为一种治疗手段。他将游

戏场景设置在20世纪90年代初的麦迪逊广场花园*，他的工作对象Ronald是一个7岁男孩，是纽约尼克斯篮球队的超级球迷。Ronald扮演他心爱的尼克斯队，而Altman则扮演他的劲敌。Altman在他的文章中强调，治疗师和孩子通过某种方式进入体育比赛和竞争性游戏的世界，特别是运动这种方式，能够促进一个在生活中缺乏此类空间的小男孩去扮演各种角色，从而产生无所不能的幻想，让竞争和对抗的相关感受可以被感知到。Altman和Ronald认真地打球，制造观众的喧哗声，与裁判争论，有时甚至互相争吵。Altman的研究基本上是对其文章末尾问题的详尽回答，这个问题是："难道篮球不是一种缺乏象征内容的、纯粹的竞技体育活动吗？"

Altman有时会跳出比赛，对比赛的情感主题进行评论，阐释房间里他和Ronald之间的无意识情感。我不禁好奇，如果Altman进行的是更为传统的象征游戏治疗，他是否认为这些评论是有必要的。如果他和Ronald玩的是动漫玩偶或者木偶，他是否还会觉得有必要偶尔进行评论呢？也许他还是会这么做，治疗也不会发生改变。但是，我不确定他的评论是否源于一种持续存在的不确定性和不安感，而这恰好形成了Altman在其论文开头提出的问题。在阅读他这篇引人入胜的文献时，我好奇治疗中发生的什么是对Ronald最有帮助的——是Altman对游戏的反思，是治疗空间的独特性，还是他们互动的活力以及竞技运动所产生的情感，在这个安全的治疗环境中所发挥的作用？

---

*麦迪逊广场花园（Madison Square Garden，简称为MSG）是美国纽约市曼哈顿区的一座著名多功能体育场馆。——译者

Altman关于运动的疑问是可以理解的。提到儿童治疗文献中具有开创性的时刻，人们很少会想到球类运动。我们很少见到像 D. W. Winnicott 进球、Virginia Axline 打出全垒打，或者 Anna Freud 和 Melanie Klein 进行扣篮比赛这样的画面。然而，许多孩子的核心特质可能就蕴藏在球场上的这些时刻中，也许，让这些孩子在安全而又重要的治疗空间中展现这些感受，正是我们的治疗目标。相关文献确实比较少，我自己的调查也可能存在偏见，但我想大多数儿童治疗师在治疗的某个阶段都玩过球类运动。事实上，关于运动游戏的文献如此之少，确实令人感到惊讶。或许我们需要从其他地方寻找关于将活跃的游戏融入儿童治疗的观点。舞蹈和运动治疗虽然不聚焦于体育运动，但或许能给我们一些启发。舞蹈治疗师的先驱 Trudi Schoop 谈到，通过运动和舞蹈，一个人可以意识到自己身体中不同的部分，这样能够鼓励人们通过不同的动作来探索自己性格的不同方面。作为一个在卓别林和无声电影时代成长起来的哑剧型喜剧演员，Schoop 把身体当作一种表达方式是很自然的，她认为自己的工作是将无意识和情感体验转化为身体语言，让它们得以表达和整合（Schoop，1974）。她开创性的工作与 Christine Caldwell（2003）的理论相呼应，Caldwell 同样谈到身体游戏和感觉的重要性，它有助于一个人展现他的感受，并将这些感受与身体体验联系起来，从而促进治愈过程。我想知道，如果舞蹈和动作可以表达情感，那么体育运动呢？我们在踢足球或打篮球时会表达什么呢？

说回我的办公室，当我们在准备皇马对阵热刺的比赛时，Alex 疑惑地看着我，他的眼神似乎告诉我，对待这次比赛我们会有多认真。当 Alex，或者应该

说是Ronaldo，带球向左右两边做了几个小的假动作时，我加入了绘声绘色的解说。我当然不会如此轻易地被打败。于是，我阻止了Alex想带球过人的尝试，示意他我们要好好较量一番了。在比赛过程中，我想让Alex知道，我觉得他能够应对竞争更激烈的比赛。Alex也做出了同样的回应，他的回切更犀利，护球更强硬，抢断和带球向前也越来越有身体对抗性。我很有竞争性地和Alex踢球，不过我也承认自己稍微有所保留。虽然我认为比赛的激烈程度对于让Alex发挥和体验他更具攻击性和竞争性的情感至关重要，但有必要补充的是，他现在才8岁，尽管他以后一定会成为比我厉害的运动健将，但当前他在体能上还是处于劣势的。比赛非常激烈，我们来回交锋，我充当苏格兰解说员进行了实况播报，让比赛更为精彩。上半场结束时，Alex领先了好几个球，他一路突破我的防守，并经常在我进攻时抢断成功。"Ronaldo又进球了，这球太给力了！""热刺进攻，但是，Sergio Ramos来了，又一次漂亮地抢断，他把球传给了Karim Benzama，皇马又一次进攻，一波紧接着一波！"在这半场比赛中，我的目的是让Alex展现他的好胜心和攻击性，鼓励他带着这些感觉进入比赛，并在比赛的情境中对它们加以赞美。Alex本能的攻击性并没有错。我担心的是，他找不到一个表达自己情感的途径，而这些情感就像被压抑在一个高压锅里，不断积聚和酝酿。

"今晚在马德里举行的欧冠联赛首场比赛堪称经典。皇马不负众望，踢出了他们标志性的猛攻式足球。Cristiano Ronaldo冲向热刺的防线。客队能扳回一城吗？热刺也有精彩表现，但面对皇马的强大实力，他们的防守，嗯，似乎有点软弱无力。也许在这个新球场对阵如此强大而著名的球队，他们有些焦虑。"

Alex没有说话，但当他把下半场的球传给我时，点了点头。"热刺开球了！ Gareth Bale现在带球。"我一边大声说，一边从地毯右侧带球，绕过我的游戏屋，向内转身，躲过了Alex伸出的右脚，他想把球抢下来。"哦，Bale的动作真漂亮！"我大声说，同时把球换到左侧，失去平衡的Alex在后面追我。他要追上我了，但我预判了他的动作，于是把球切回右侧，这个小技术让我们俩都大吃一惊。"哦，高难度动作，技术真棒！他转了个身，一记漂亮的进球！"我兴高采烈地宣布，我把球射进了空无一人的球门右侧，刚好越过充当右门柱的竹篮。我举起双手，走向办公室的一角，假装沉浸在假想中的热刺球迷的欢呼声中，他们是专程到马德里的伯纳乌球场看我比赛的。Alex难以置信地看着我，嘴巴微张，眼神锐利。"开始吧。"他语气坚决，声音低沉而直接，下巴紧收，眼神坚定。在接下来的几秒钟，他左右带球，然后直接冲向我，在冲向球门的同时将我推开。"体能充沛的皇马看来要反击了。"我这个解说员略带惊讶地评论道，"哦，他们看起来对上个进球有些生气，想把热刺打回原形！"当Alex后退时，我左脚一滑，挡住了球，打断了他的进攻，球从我的沙发下方出界。

"我的球。"Alex补充说，他从沙发下面拿起球，站在右侧，"任意球，准备好了吗？这次别想阻止我。"他膝盖弯曲，期待着下一步动作。在此之前，Alex很少在我们踢球时说话。通常，他只是耸耸肩，或者对我在最初几次治疗会面中所说的大部分事情简短地回答"是""不是"或者"不知道"。现在他说的话仍然直截了当，但至少越来越丰富，而且大多数都是自发的，这表明他越来越能投入到我们的比赛当中。更重要的是，Alex通过我们的比赛表达了他的感受，在越来越紧张的下半场中，他变得更加专注。同时，他能够容忍更激烈的比赛，包括必要的挫折，而我则用我的解说员身份，指出可能出现的感受。"我的球。你准备好了吗？"他半问半嘟囔。我点了点头，比赛继续。

那天皇马击败了热刺。热刺一度将比分追得很近，但皇马最终拉开比分，轻松获胜。我对治疗的进展感到满意，因为通过代表热刺参与比赛，我能让Alex以全新的活力投入到我们的治疗中来。这种投入主要是通过他的肢体语言和眼神等非语言的方式来衡量的。当我们在临时球场上踢球时，他的热情远比语言更真切。时间快到了，我告诉Alex我们需要停下来了，他发出一声："真的吗？"我解释说我们可以在下次会谈中继续玩。Alex微笑着和我一起走出办公室，去迎接他的妈妈。她笑着问："里面一切都还好吧？"我和Alex看起来就像两个刚刚打了半个多小时比赛的运动员。Alex的妈妈也成了我们的球迷，这很有帮助。

一周后，Alex来到下一次会谈中，他坐下来后，我们聊了几分钟他这一周的经历，这时他的目光投向了我装着乐高和运动器材的储物篮。在他盯着看的时候，我看到他的腿开始轻微颤抖，他在沙发上轻轻地挪动着身体。"你看起来想做点什么？"我用手示意。Alex毫不犹豫地提出了他的问题——"我们能踢球吗？""当然可以。"Alex走向储物篮，拿出足球，在自己这边摆好球门，准备开始。"你又要当热刺队吗？"Alex问道。"是的，你呢？"我回答。"皇马。"Alex认真地说，他把球扔到面前，开始比赛。Alex表现得好像我们几分钟前刚结束第一场比赛，现在又要继续比赛一样。我不知道自己为什么会感到惊讶。毕竟，儿童在玩假装游戏的时候，会从一次会面到下一次会面中接续同一个主题或场景。为什么体育运动要有所不同呢？

"你能演那个苏格兰人吗？" Alex带着苏格兰人特有的感染力问我，他在我身后快速摆放好球门，并指明了他自己的球门。我很高兴地答应了，并马上回到我的播报工作中。令我惊讶的是，Alex现在也加入了我的行列，他既在比赛，也在进行解说。我为这一变化感到高兴。他虽然有些犹豫，但还是勇敢地做出表达，而且尝试了扮演了自己版本的苏格兰实况解说员。事实证明，Alex的能量很有感染力，我也重新找回了激情。我们的比赛越来越激烈，竞争性也越来越强。现在，我们都在参加欧冠淘汰赛。当我感受到比赛的激情时，也许我被自己未能实现的运动梦想所驱动，我在向右移动时停顿了一下，不知道该把这场比赛进行到何种程度，我儿时打篮球和打棒球的记忆浮现在眼前。

Bonovitz（2009）在他和年轻的足球迷Angus的反移情研究中，谈到了治疗师的作用。在一系列足球比赛中，Bonovitz最终将领先优势拱手让给了非常警惕且注重防守的Angus，Bonovitz回想起自己儿时与一位要好但非常好胜的朋友进行的比赛。Bonovitz想起他曾经的担忧，如果和朋友的竞争过于激烈，他担心他们的友谊会被动摇。Bonovitz将自己的反思带入了与Angus的治疗中，他注意到自己在比赛取得领先时，随着Angus在比赛中获得动力和优势，自己会"放慢脚步"。在某个至关重要的比赛时刻，坦诚而富有洞察力的Angus告诉Bonovitz："你和其他人一样害怕。我从你的表情和踢球方式中看到你不再全力以赴地比赛了。"在这个过程中，Bonovitz既帮Angus注意到了他的困难，现在Angus可以与他的治疗师分享这种困难，同时Bonovitz也在想，他自己对胜利的恐惧可能强化了一种更脆弱的自我形象，而这不是他想传达给Angus的。

Bonovitz的思考让人耳目一新。每个治疗师都曾是孩子，每个孩子都曾在体育馆、运动场或球场上度过了快乐或不快乐的时光。每个人都有过在运动中表达或回避内在的攻击性和竞争性的经历。许多孩子在比赛中经历过成功、失败、快乐和绝望。参与体育运动意味着要经常面对骄傲、愤怒、羞耻、兴奋和尴尬的情绪。对于每一个最后一刻的进球或制胜球，都伴随着一个回响于整个成长过程中的可怕的失误或错误。正是这些经历使得儿时运动的记忆在许多人的生活中占据着如此重要的地位。这也是为什么体育运动可以在治疗空间中提供一个重要且适宜的场所来进行情感探索。

回到我的办公室，当我运球接近球门时，我在如何与Alex竞争的方面感到困惑。我想从这些比赛中得到什么？我和Alex变得更争强好胜、更戏剧化，也更加充满激情。我们还用幽默的旁白、口音和中场休息来调节每场比赛的强度。

春天即将结束，我和Alex已经发展出了一种治疗的节奏。我们会聊一会儿学校和生活，然后踢一会儿球，中场休息时我们会再聊一会儿，或者谈谈上周末的球赛，然后继续比赛。我的解说员角色原本只是为了好玩，但情感上的变化通过比赛一直存在于房间中。经历这一切后，我注意到Alex变得越来越健谈了，在表达自己的感受时也更加轻松了。暑假休息期间，Alex离开了这座城市，根据他母亲的描述，他和家人以及朋友一起享受了愉快的夏日时光。

九月初，我安排好了与Alex的第一次秋季会谈。一想到要再见到他，我就很好奇现实生活中足球的戏剧性事件会如何影响我们的治疗。这个夏天对 Alex 来说是一个成长的时期。我持续关注着足球新闻，尤其关注总是很有趣的夏季转会*季。足球队一年中只能在两个时间点引进新球员，而夏季是球员变动或转会的主要时期。在这一时期，一些较小球队的明星球员会被足球食物链上游的球队收购。因为报纸需要销量、体育网站需要流量，所以经常会出现关于欧洲和南美洲近一半职业球员的谣言。这个特殊的夏季转会季主要的戏剧性事件都是围绕着热刺、皇马和热刺的巨星 Bale 展开的，而他正是我在治疗中主要扮演的足球角色。在一次异常激烈的多轮谈判之后，热刺拼命想留住他们的护身符，但 Bale 却坚持要离开，去实现自己儿时的梦想，甚至还公开了一张自己8岁时身穿皇马球衣的照片，向不相信的球迷证明他的夙愿。让热刺球迷失望的是，Bale 现在已经是皇马的一员了，当他降落在马德里时，成千上万人热情地迎接他，并护送他到伯纳乌球场，他在那里接过了自己的球衣，并向观众展示了球技。他成了 Cristiano Ronaldo 的搭档。作为热刺球迷，这绝对是一场灾难。我不知道秋天见到 Alex 时他会说什么。我也在想我会说什么。

　　我很快就会知道了，在秋季的劳动节周末过后，我按铃让 Alex 进来。Alex 在等候区微笑着，热情地向我打招呼，解开他轻薄夹克的扣子，朝我的办公室走来。他一边走，一边盯着我看，还特别转过身来，让我看一眼他最新款

---

* 转会是指运动员从一支球队转到另一支球队的过程。在足球、篮球、棒球等各种体育项目中，转会是一种常见的现象。转会通常会涉及双方俱乐部之间的谈判和协商，以及球员个人的合同问题。转会可能会让球员获得更好的发展机会、更高的薪水或者更好的竞技环境。——译者

的皇马球衣。Alex通常是穿Ronaldo或Alonso的球衣。他还有一件当红守门员Iker Casillas的球衣。今天不一样了。当Alex转身时，我注意到他球衣背后有一个熟悉的数字"11"，还有Gareth Bale的名字。对，在我们回来的第一次会谈中，我就被嘲笑了。好吧，游戏开始了。

"很高兴再见到你，"我说，"这个夏天过得怎么样？""我也很高兴见到你，过得很好，谢谢你的关心。"Alex故作礼貌地回答。Alex有意无意地看了我一眼，然后补充说："我买了一件新的皇马球衣。"我也回看了他一眼，说："哦，是吗，我没注意到。"我带着一丝笑意转移了目光。Alex怀疑地皱了皱眉头："真的吗，你一点都没发现？没注意到我的球衣有什么不同吗？"我假装惊讶地说："没有呀，没有。它看起来跟你常有的球衣一样。不过，是一件非常经典的球衣。看起来不错！很酷！"我若无其事地点点头。Alex挑了挑眉："所以你什么都没注意到？嗯哼（他疑惑地看着我），这是件新的。""是吗（我提高了嗓门热情地说），真好，对你来说太好了。有一件新球衣总是很棒的，真的很棒。"我笑着说。Alex目光直视着我："想看看后面吗？""也……许……吧……"我慢慢地说出这几个字表示强调。"好吧，我转过身让你看看。你应该认识这个名字的。"Alex再次点头示意。他高兴地转过身，让我看他的新球衣，背后印着Bale的名字。Alex转身回来，笑着说："你喜欢吗？"为了达到更好的效果，我嘟囔了一会儿揉了揉额头，这时Alex的眼睛笑了，他继续说："你今天好像有点不高兴。是因为我的球衣吗？"Alex故作无辜地问，"你说你很喜欢它。"我假装出一种义愤填膺的状态："好吧。所以你有Bale的球衣。现在高兴了吧？世界上那么多球员，你就一定要买Bale的吗？没有其他人了吗？没有了吗？非得是一个刚离开热刺的头号球星吗？！"Alex看着我，面带微笑。我很高兴看到他这样，他很幽默，很享受我们的即兴玩笑。开玩笑是体育运动的重要组成部分，它能让球员之间建立起良好的关系。事实上，玩笑也可以被看作一种游戏的形式，语言的功能就像乐高积木、动漫玩偶或者足球一样。Alex的玩笑告诉我，他正在进一步发展自己保持情感和表达情感的能力，而不是回避它们，尤其是那些更具竞争性的感受。"你知道，Bale现在恐怕只属于皇马了。我们为了他给了你们热刺很多钱，你们可以买其他球员。不管怎么说，事情就是这样。毕竟皇马是最好的球员都会去的地方。这就是生活。"他表示理解地朝我耸了耸肩，"对了，准备好踢球了吗？"Alex发出邀请后，来到球场，我们重启了足球赛季。

　　我惨败给了Alex，或者说是Gareth Bale，又或者是我那天对战的任何角色。他踢得充满力量和速度，让人想起Bale的踢球风格。而我则像是士气低落、失去明星球员后正在寻找出路的热刺队。我有一大批新球员，但事实证明他们只是Bale的糟糕替代者，完全无法跟这位真正的巨星相比。Alex在我的办公室之外也在不断进步。他在家里和学校都变得更加平静，能更好地处理激动的情绪。在与Alex交流时，他妈妈也掌握了一定的技巧，让他的情绪变得轻松。在我们的家长会面中，我强调了面对Alex和他的反应时，保持好奇心的重要性。这意味着父母可以在没有恐惧的情况下，去探究他为什么会有某种感受或反应。对Alex来说，体验一种情感而不总是生死攸关般的极端感受是很重要的。这也是为什么我很享受我们围绕Bale球衣的互动，因为Alex能在情感中保持"进可攻，退可守"的状态。

　　虚张声势和幽默地吹嘘是运动中的常见元素，为比赛注入了一定的活力和欢乐。我想邀请Alex融入这种幽默，帮助他拓展情感范围，同时在情感上保持一些必要的距离。在某场比赛中，我漫无目的地运着球，Alex假装打了个哈欠，表示他对我的表现不感兴趣。我抬头看着他："我打算加入巴西国家队！是个好主意吧？"Alex笑了："你要做什么？""加入巴西队。"我不紧不慢地说。Alex垂下眼帘："巴西？""正是。"我肯定地回答。Alex叹了口气说："首先，你根本不是巴西人。"我认真地看着他回答："但在我心里，我感觉我是巴西人。"Alex翻了个白眼："在你心里？"他又叹了口气："我以为你觉得自己是苏格兰人呢？""嗯，我有很多感受，我们不都是这样吗？"Alex把手放在头上，假装难以置信："好吧，随便你。但你的名字叫Henry Kronen……。这可不是巴西人的名字。"我马上回道："别担心，我已经解决了。"Alex抬头看了看天花板："是吗？怎么解决的呢？"我带着灿烂的笑容看着他，继续运球："Henrinho！""Henrinho。"Alex难以置信地重复了一遍，忍不住笑出来。"很不错，对吧？"我继续说着，然后丢了球。"对，听着，Henrinho，我认为巴西队的球员运球时是不会让球跑到沙发下面去的。"我做了个同意的手势，"没错，但我丢球的时候也很有风格。这和真正控球一样重要"，我满不在乎地说。"不，并不是一样重要，"Alex接着说，"算了。你到底要带着球干什么？对了，我有点困了。"我假装惊恐地看着他："困了？困了？！和Henrinho一起踢球没人会犯困的！"我做了一个迅猛的动作，Alex冷静地将球拨走，夺得了球权。他回看我说："嗯哼，当然。Henrinho。"Alex在生活中并不习惯幽默。当然，他喜欢滑稽和搞笑的节目，但把幽默当成一种缓解紧张、减轻痛苦的方式，对他来说还是新鲜事。他在我们的玩笑中找到了安慰。幽默能让他发挥自己的技能，迎接挑战，而不是感到危险。我承认，我们的比赛和互动有双重目的。一方面，我想用足球比赛作为一个戏剧性的情境，帮助 Alex 深入体验他所回避的情感。另一方面，我想通过我们之间迅速发展的幽默和足球直播，与这些情感保持一定的距离。这两种方法在一次会谈或比赛中可以轻松地交替进行。我们可以根据需要随时投入或退出具有竞争性的争斗。

除此之外，我们的比赛不仅变得更具竞争性，也变得更加丰富多彩。我选择巴西队并非偶然，因为对他们来说，足球既是一种竞技，也是一种艺术形式。我和 Alex 现在不仅要努力进球，还要进让人印象深刻的球。我们在追求一种踢球风格，注重技巧、动作和花式运球。我们不仅把书桌、沙发和门柱当作边线和边界，还用它们来传球和变向，这些都体现了我们蓬勃的创造力。我的地毯现在既是轻松游戏的地板，也是充满表现力和足球艺术的画布。好吧，我们踢得并没有那么好，但重点是我们的比赛有了一种新的表现方式，让我们可以尝试各种动作，并以一种以前没有过的方式进行扩展。

我仍然在思考我想将竞争元素推进到什么程度。Alex 每次都赢，因为我跟他踢到某个阶段时，就会退让一点。我感觉如果比赛中的竞争太激烈，可能会让 Alex 不堪重负。但事实真的是这样吗？还是我害怕探索 Alex 更深层的情感？我们每个人都有自己的游戏风格，而我的风格，虽然具有竞争性，但总是依靠一定程度的幽默和荒诞来平衡比赛的严肃性。我在想，此刻我是否让自己的风格成了治疗的阻碍？是我的幽默让 Alex 可以容忍这些情感，还是这种幽默冲淡了我们需要探索的情绪和互动的强度？

我决定是时候把比赛的戏剧性推向更高潮了。治疗中游戏的输赢一直是儿童心理治疗文献中讨论的主题（Barish，2010）。一般来说，这些讨论强调了赢对于孩子的自尊心至关重要，因此治疗师应当尊重这种需求。然而，治疗师也不想让孩子觉得自己太脆弱，或者与孩子过度配合来避免因失败带来的难受情绪。换句话说，治疗师需要根据具体情况判断孩子在特定时刻需要的是什么。更重要的是，治疗工作需是找到一种方式，来减少对实际输赢的关注，加强对情绪感受的关注，而这些情绪感受是孩子在其日常生活必须驾驭的。在我看来，我和 Alex 已经踢了好几个月足球，我认为他感受和处理强烈情感的能力都在不断提升。随着 Alex 在我们的比赛中越来越幽默和爽朗，他在游戏中也表现出了愉悦感。他展现出了一种创造力和平静感。我也感觉自己又有所保留了，而随着 Alex 的成长，我希望自己更真诚地与他工作。虽然我不确定下一场比赛谁会赢，但我决定，只要 Alex 能应对这种情况，我将会在下次比赛中更认真地与他对抗，看看事情会如何发展。

但我到底要认真到什么程度呢？或许我踢得不算特别好，但我的体型优势意味着，如果我愿意的话，我大概率能够击败 Alex。这是我的新目标吗？运用治疗性的真实态度来打败一个到办公室见我的 8 岁男孩？我希望不是。但我到底要如何做到真实呢？我如何在一个充满情感冲击的地方与 Alex 或其他孩子见面，同时诚实地面对自己有所保留的事实呢？对于这个难题，我没有明确的答案，只能对其复杂性保持开放的态度。

我和 Alex 用一些花式动作开启了下一节会谈的比赛，这场有趣的比赛早在上半场就陷入了 2：2 的僵局。我在比赛中踢得更有竞争性，他也匹配了我的强度。结果是我们的得分比平时低一些，因为我们各自的防守都更强了。我们又各进了几个球，以4：4进入了中场休息，我们坐下来短暂地休息了一会儿。我对Alex说："上半场还不错吧？""嗯，挺好的。但我会领先的。"Alex回答。"也许吧，但你得先突破我无懈可击的防守。"我夸口说，特意强调了"无懈可击"四个字。Alex得意地笑着看向我，"无懈可击，"他模仿我的发音说，"让我们看看你下半场的防守有多么无懈可击。我已经穿裆过你三次了。"Alex所说的"穿裆过人"是指球员在保持控球的情况下将球从防守球员的两腿之间穿过。这对进攻方来说显示了高超的技术，而防守方则会感到被戏弄。我们喝了点水，又聊了几分钟，然后回到球场（我的地毯）上，继续下半场的比赛。

　　Alex迅速取得领先，他把球从沙发边缘轻轻弹开，角度刁钻地越过我踢进一球。Alex举起双手庆祝自己的进球。我也不甘示弱，让球从桌子下方穿过，越过Alex，然后我从左侧减速继续控球，打进了一个空门，将比分扳平。我也举起双手庆祝，为自己精准的传球和聪明的策略鼓掌。比赛越来越激烈。Alex用略带赞赏而又恼怒的表情看着我，重新掌控了比赛。我们来回攻防，各自得分，防守也愈发强硬，比赛进入了拉锯战。Alex领先一分，我马上追平。他看起来要领先了，但我又扳平了比分。我们都全神贯注。离比赛结束还有几分钟，我们打成15平。Alex控球，他的脸因为来回跑动而微微发红，他的眼睛紧紧盯着球，而我也同样认真地防守。比赛中，房间里只有我们跑动的声音，以及球滚动在地板上，碰到墙壁、竹篮或是沙发的声音。此时我们之间唯一的对话只有报分。Alex转身朝我的球门射门，球飞出界外，轮到我控球了，比赛时间开始倒数。Alex显得有些紧张，因为他想夺回控球权，所以一向稳健的防守变

得急躁起来。我轻松避开了他的挑战，看到了得分的机会。虽然我以前也领先过，但从未在比赛最后阶段的这种关键和紧张的时刻领先过。Alex看起来有些不知所措，我需要迅速决定是要射门还是要有所保留。与当时的真实情境相比，现在描写这些内容会显得动作更慢也更刻意，而在当时的比赛中，我只有大约一秒钟的时间来决定是否要射门。

我把球滚进了临时球门的一个空角，以16：15领先。"还有多少时间？"Alex哀怨地问，声音里充满了压力。"还有几分钟。"我回答道。他迅速把球从球门里拿出来，开始运球。他现在的动作太快、太用力了，充满着压力。我能看出来他快要失去理智了，他准备强行射门。我的确是想增加我们比赛的戏剧张力，但又不想让Alex感到手足无措。我决定让我的解说员返场来帮助他渡过难关，因为第三个角色可以帮他从紧张的气氛中抽离出来。我开始用苏格兰口音解说，但没有那些不合时宜的搞笑元素。"现在是皇马拿球。他们现在肯定有紧迫感。虽然落后一分，但还有时间，他们会保持冷静，打好自己的比赛。这并不容易，因为球迷们都在期待这场比赛的终结！今晚伯纳乌球场，将创造历史！"听到这些，Alex稳住了自己。他从我身边越过，利用身体优势打出了一个来之不易但绝对有效的进球，16：16。

我该如何把握这个度？什么程度的戏剧性是合适的，什么程度又显得太过分？该我控球了，这次Alex更加小心，避免了任何不必要的冲动，以免让我从他身边跑过。他知道我喜欢通过快速移动和变向来制造干扰，他不再轻易被我的假动作欺骗或轻易地让我的传球越过桌面。但他的防守有点太保守了。我向左移动，Alex以为我会向右回撤，给我留了空间。我抓住机会，快速越过他，把球斜射进球门，17：16。比赛时间所剩无几。

　　我决定继续用解说的方式来描述房间里的情感。在我们比赛的关键时刻，解说员可以让我与Alex以及他的情感连接在一起。"太不可思议了。今晚的比赛真是扣人心弦。绝对是一场世纪大战。热刺冷静地进攻。现在轮到皇马反击了。球迷们都站了起来，张大嘴巴，猜测接下来会发生什么。这场比赛还能发生什么？我们已经看到了所有的精彩！"Alex再次向前推进。"Cristiano拿球。他想要推进，但热刺加强了防守。Michael Dawson防守着他。Dawson虽然不是最出色的球员，但防守非常强硬，是一个真正的英格兰后卫。大家想知道皇马是不是也需要运用更多的技巧了。"话音未落，Alex做了一个踩单车*的假动作，接着几个变向，利用我的失误，把球踢进了我的身后。17：17！他来不及庆祝了，立即进入防守状态。

　　该我拿球，眼看着压力越来越大，我成功地把球从桌子的角落传了出去。我们都拼命争抢这个球，球落到我的脚下，一个出人意料的反弹让球越过了Alex。我犹豫片刻后，用左脚接球，稍微向右变向，而Alex则向另一个方向跑去。18：17！热刺领先一分。

　　还没等解说员开口，Alex立刻拿球射门。我知道我们剩下的时间不多了。我原本计划比赛时兼顾情感的戏剧性和距离感，但我没办法计划比赛的结果。

―――――――――――――

*足球术语，指踩单车过人，即双脚轮番在球上方迈来迈去，用假动作迷惑防守球员来突破过人。——译者

说实话，我没想到自己能做出这些动作，但我做成功了。现在我领先一分，时间所剩无几。我想与Alex保持连接，但他在我进球后的反应太快了。他转身准备射门。压力太大导致他没有站稳，他强有力的射门太匆忙了。在那一刻，比赛的情绪完全占据了上风。他的强力射门偏离了球门。

Alex大吃一惊，他的眼睛睁得大大的，涨红的面部也扭曲了。我重新拿球，他着急地喊道："不！！不！！还剩多少时间？还剩多少时间？"我直视着他，想与他进行眼神交流。我没有用解说员的声音，因为我觉得此时需要直接与Alex沟通。"大约一分钟，"我清晰地说，同时摇头示意他冷静下来，"现在专注防守，该我拿球了。如果需要的话，你可以喘口气。""没时间了。"Alex含泪喊道。"还有时间，"我试图安抚他，"不多，但也足够了。做你需要做的。"Alex稳住了自己。"准备好了吗？"我问。Alex点了点头。

就在那一刻，我充分意识到，除非我刻意输掉比赛，否则我和Alex将在那天创造属于我们自己的历史。比赛时间快到了。现在是我控球，Alex可能只有一次快速进攻的机会了。我不确定现在比赛是否变得太有竞争性。我也不想刻意输掉比赛，因为我有些担心如果现在让Alex赢得比赛，会传递给他什么样的信息。我想传达的是，无论多么困难，我都相信他能处理好比赛的情绪和强度。我担心这个时候让Alex赢，会让他觉得我认为他太脆弱了。当然，我无法确定。我看了看表，治疗结束时间快到了。我和Alex常常在比赛结束时进行倒计时。我告诉他我们还剩10秒钟，Alex僵住了。我控球，但由于我的矛盾心理，在还剩下三秒钟时失去了球权。

Alex再次拿到球。"三。"他转身快速移动。"二。"他一脚射门，球从我的腿上弹出去，又直接回到了Alex脚下。"一。"他试图控球，但失手了，球滚向了沙发。"零。"我们彼此对视了一秒钟。我们进入了未知领域。然后Alex继续前进，带球冲向我的球门，在时间结束后将球打进。他喊道："有效！有效！我进球了！是平局！平局！"我又看了看Alex。我在想该说什么或做什么。Alex刚才很沮丧。我稳住了自己，语气异常平静地说："我觉得这一球是时间到了以后进的。""不！不是！"Alex的脸变得越来越红。在那一刻，他已经不再是在玩游戏了。"这是一个进球。算数！是平局！"我决定针对这个有争议的进球展开一番讨论。"哇哦，等等，我已经数到0了。"我说。"不，那是个错误，"Alex反驳道，"不对！明明还有时间。"

这是Alex应对我们比赛结果的一种方式，与真实的体育比赛一样，以一个有争议的结局来为这场戏剧性的比赛画上句号。如果有更多的时间，我本可以安抚Alex，也许对进球和计时进行复盘，可以让我们有时间消化比赛结束时的紧张气氛。我希望我们有更多的时间，但我们的会谈已经超时了，还有另一个孩子在等着我，我想我需要相信我和Alex之间的关系。就像我们在比赛中那样，这些决定必须迅速做出，尽管在事后叙述时它们看起来可能很从容。我们结束了会面，Alex一脸不开心地离开了我的办公室，朝着等候区的妈妈走去。

那天下午和晚上我还有几节治疗工作，我承认自己有些心不在焉。我一直在想Alex。我是否真的有必要赢得这场看似微不足道的足球比赛？即使赢球是正确的做法，难道我就不能在会谈快结束时给我们留点时间来处理后续问题，

而非会谈时间已经到了才结束比赛吗？我对自己感到生气。那天我在治疗间隙也没有空余的时间，所以我打算在那天结束时给Alex的母亲提个醒，让她知道我们会谈结束时的情况，以防Alex回家发生什么事情。我原本是不需要担心的。结束最后一节治疗后，我听了电话答录机上的留言。Alex的母亲打电话来询问会谈中是不是发生了什么事，因为Alex心情很糟糕，从办公室回家的路上一直在尖叫和责骂她。我回电话给她，向她解释了事情的经过。Alex的母亲表示非常理解，但有些担心他下周还会不会来治疗。我告诉她我也有同样的担忧，但仅此而已。我和Alex已经在一起工作一年了，我信任我们之间的关系。恐惧以及由此产生的焦虑和愤怒是我们治疗工作的重要组成部分。治疗的目标是帮助Alex明白，即使情感强烈且难以承受，他也会没事的。这种感觉终究会过去，他也会因此变得更加强大。

这次对话建立在这样一个假设之上：Alex真的会来治疗并和我交谈。虽然我相信他会来，但我不能确定。毕竟，治疗中困难的时刻也可能被视为关系破裂，一段有希望的治疗可能就此陷入停滞状态。然而，避免在治疗中出现任何不和谐也是一种停滞，治疗的一部分就是在孩子经历复杂情感时帮助他。问题是，在上一次会谈中，我是否误读或者失去了与Alex的连接。认为他不会有任何反应是很愚蠢的。但我选择的时机又如何呢？当我感受到Alex的沮丧时，我是否应该在比赛的最后保持平局？这样会不会更循序渐进，让Alex更容易消化这些情绪？我只能等到下一周才会知道答案。

我还需要管理好我自身的焦虑情绪。我想向Alex的母亲了解情况，但又觉得这样做并不合适。无论在那次以及之前的治疗中发生了什么，都是我和Alex

之间的事情。上一次会谈的结果也应该是我们之间的事。而且在接下来的几天里我也没有收到他妈妈的消息，所以我要相信我们之间的关系，期待 Alex 会出现在下次会谈中。不过我还是很担心。

我预计在第二周的周二下午 3 点见到 Alex。我走出去看到他和他妈妈在等我。我向安静的 Alex 打了个招呼，示意他进我的办公室来。他跟着走进来，像往常一样坐在沙发上。我欢迎他回来，他点了点头。"上一节会面挺紧张的。"我说。Alex 不自在地抬起头，面部表情茫然，身体绷紧。我继续说："你看起来，怎么说呢，有些心烦意乱，不开心，嗯，甚至可能很生气？""没事的。"Alex 迅速嘟囔着说。我停顿了一下，直到我感觉可以平静而直接地跟 Alex 交流，而不是听起来过于冷漠和空洞。"也不是一定要这样。"我继续说。"不一定要怎样？"Alex 疑惑地问。"好吧，"我又停顿了一下，"不一定要没事。"我又暂停片刻，看着 Alex 稍微放松了下来，他也看着我。我把他的表情和身体语言理解为继续交谈的邀请。"我的意思是，如果你对我感到生气也没关系，或者因为我赢了上一场比赛而生你自己的气，也是可以的。这只是一种感觉。我们经常会有这种感觉，嗯，这是健康的。我们可以谈一谈，不用担心，不会谈太多，我知道你不太喜欢谈这个，但重点是我们在这里可以有很多感受。我们也可以尽情享受，投入到我们的比赛中，如果你有时候不高兴，嗯（我做了个手势），那就不高兴呗。我们会想办法解决的。"我又看了看 Alex，他此时正舒服地靠在沙发上，看起来更放松了，紧张感从他的身体里消失了。他也停顿了一会儿。我好奇他会对我的长篇大论说些什么，我也很想知道他会在多大程度上谈论上次会面中的感受。

　　"你说完了吗？"他平静又漫不经心地说。我有点吃惊，嘀咕道："嗯，差不多吧。""太好了。"Alex边回答边翻了个白眼。我回看他，决定配合他，"你说'太好了'是什么意思？"我也翻了翻白眼以加强语气。"没什么。"Alex说道。我睁大眼睛看着他，"嗯，好吧，说出来吧。我刚才说的话很有意义"。Alex轻轻一笑："你是说你的演讲（此刻Alex举起双手在空气中做出引号的动作）。嗯，非常有力量。是的，我会永远记住的。"我装出震惊的样子："你在嘲笑我！"Alex笑着说："不，不，完全没有。你的演讲（他又做了一次引号的动作）真的很棒。"

　　我们又开始调侃了。感受到Alex更强大后，我决定将我们的互动更进一步："你刚刚还在不高兴。"Alex看着我说："真的吗？我有什么理由不高兴？"我挺起胸膛，大声说道："因为我的胜利！"（我停顿片刻，抬起眼睛望着办公室里想象中的地平线。）Alex哈哈大笑："拜托，我已经赢过你无数次了。无论如何那都是个平局。""平局？我可不这么认为，我的皇马朋友。对moi*来说，那是一场真正的、梦幻般的、令人惊叹的胜利。"我现在开始"玩"起来，并为我们关于上节会谈的独特处理方式感到高兴。我同时保持着谨慎，需要注意在某些时候收敛一下。"moi，"Alex温柔地嘲笑我，"哇，真是太厉害了。反正，我在最后扳平了比分。""没有！"我反驳道。"对啊，"Alex无视了我的抗议，"我在最后得分了。""在时间到了以后才得分的！"我说。"不是。"Alex坚持说。"是的。""不是。""是的。""不是。"对话开始变得荒谬起来。我和Alex对

---

*moi指"我"，源自法语，是一种幽默的说法。——译者

视着，然后重新开始设置球门。我们谈了很多上节会谈的内容。我们是以各自球员的角色性格来谈论的，正如我们在临时球场上一直扮演的那样。我们的治疗在我获胜以后确实发生了变化。我以前赢得比赛后并没有出现这样的情况，尽管我只赢过几次。我们从未就那场比赛的最终结果达成一致，Alex坚持认为他在会谈结束前的常规比赛时间内追平了比分。那时我已经不在意结果了。重要的是，Alex发现他不需要对自己的感受感到害怕，不需要担心搞砸或是过于沮丧。关于情感的挑战并没有结束，它还在持续。后来的几次会谈中，Alex更直接地谈论了自己的感受，包括有一次他很尖锐地询问我，他是不是真的踢得很好，以及我是不是在故意让着他。后来我才知道，这是他和朋友在现实生活中的一场比赛中遇到困难后产生的疑问。

对于我和Alex来说，足球成为我们"正确"的游戏方式，就像城堡、画布或沙盘之于其他孩子一样。那些美学上令人愉悦的足球运动员和团队被称为富有表现力的，这并非没有根据。同样的，任何体育项目，无论是棒球、篮球还是冰球，都适用这一道理。无论孩子天然的表达方式是什么，治疗空间都会为孩子提供一个能够表达自己内心世界的自然环境。这不仅仅是作为一块空白的画布，而是创造一种关系的情境，这种关系允许、促进并且帮助孩子表达和整合多种不同的感受。尤其是像Alex这样的孩子，他通过身体和体育活动表达了很多内容。在这方面，Alex只是众多孩子的代表之一，他们的心理和情感体验可能根植于身体之中。对我们这些语言表达和情绪感知能力强的成年人来说，要始终重视身体和非语言信息在治疗工作中的作用是有些困难的，我们习惯性地使用语言和意识符号来调节我们的体验。然而，当我们能够将身体融入日常体验时，我们或许会意识到自己的感受有多么不同，一些早年的体验可能在某些时刻被重新点燃。我们不需要和每一个走进儿童治疗室的孩子都玩球类游戏，许多孩子对这样的游戏并无兴趣，但另一些孩子却很喜欢。就像有些孩子天生具有艺术细胞一样，另一些孩子天生就喜欢运动，他们的身体在空间中移动，如同诗人的文字跃然纸上。我认为，尊重孩子的兴趣和体验，并找到一种进入孩子内在世界的方式是很重要的，同时我们要相信，无论用哪种方式，我们都有机会开启一场治疗之旅，为治疗师和儿童都提供丰富的情感体验和经验教训。就像我和Alex这样，从玩一个小小的软足球开始，就可以发生这么不可思议的事情。

Stories from
Child & Adolescent
Psychotherapy

A
Curious
Space

儿童青少年心理治疗的故事　　创造好奇的空间

第六章

公主和 Dal Bhat
Tarkari* 的奇遇

*dal bhat tarkari 是尼泊尔的传统食物，dal 是扁豆汤，bhat
是米饭，tarkari 是蔬菜咖喱。dal bhat tarkari 通常伴有泡菜
和酸辣酱，肉也包括在内，但不经常吃。——译者

我：公主，公主，我来救你了。（我边说边闯入城堡的地牢。）

Alma：你好，王子。快，我们必须离开这里，女巫就在附近，她的卫兵到
处都是。我知道一个可以藏身的好地方。来吧，我们走。（她指向
城堡的一侧。）

我：好的，你还好吗？我想你了。

Alma：是的，我很好。但是快点，我们得离开这里。

我：好，我们走。我们要去哪？

Alma：去旅馆。就在森林中间。我们可以在那里躲一晚，明天再回家。

我：（我稍作思考，似乎预感到了接下来的发展，于是我点头同意了Alma
的计划。）去旅馆！我们走。（我们急匆匆地赶到旅馆，找了个地方坐
下，开始计划晚餐。）我去找旅馆老板，让他给我们带点吃的回来。你
想吃什么？

Alma：什么都行。我饿坏了。

我：好的，我马上就回来。（我走向那些假扮的旅馆老板，拿了一些假扮的
面包、鸡肉和水，然后回到公主Alma身边。）

Alma：（她示意我走到房间一侧，似乎有什么秘密要告诉我。她凑到我耳
边，声音很低。）Henry，你回来了，但公主却不见了。

我：（低声说）不见了？她去哪儿了？

Alma：她就这样消失了。你得找出原因。她不见了。可能是女巫的守卫发

现了她，或者女巫施了个咒语把她带回了城堡。

我：真的吗？

Alma：真的，她又消失了。

当 Alma 自信地扮演公主时，我的思绪飘回到了十年前，当时在我和 Sarah 的工作中发生了类似的一幕。

Sarah：Henry，你是哥哥。看，你看那边的房子。那里有五个不同的房间，每个房间都有特殊的用途。妹妹的卧室在这里，你去找她，但她不在那里。你得很努力地找她，但她不在附近。明白了吗？

我：明白了。如果我找不到她怎么办？

Sarah：你非常担心，开始给警察打电话。

我：警察找到她了吗？

Sarah：没有。不管怎样，你得继续玩。好了，现在开始，你来找我。

我：好的，我在找。（环顾房间四周）嗯，我不知道她可能在哪里？喂！Sarah，你在哪里？你在房子里吗？（搜索着周围区域）她不在那里。她可能在哪里？她去哪了？我希望她没事。

Sarah：现在你打电话给警察。

我：（拿起一个想象中的电话）喂，警察，我需要帮助。我找不到我妹妹了。我已经找遍了所有地方。

Sarah：（假扮电话另一端的警察）喂，这里是警察局。

我：嗨，你能帮助我吗？我找不到我妹妹了。她应该在家的，但她不见了，我找不到她。（我的声音变得更加哀求。）我找遍了所有地方。

Sarah：你得继续找她。

我：（惊讶）是的，但我是在求助。我需要帮助来找到我的妹妹。你知道的，她不见了。

Sarah：我真的帮不了你。抱歉。你得自己找到她。但别担心，你会找到的。

我：我很高兴你这么说。我只是不知道她在哪里。好吧，那我就继续找。（我挂断电话，继续寻找。当我寻找时，Sarah示意我往办公室壁橱旁边的一把棕色大办公椅旁边看看，她正躲在那里。）嗯。我看到那里有东西在动。也许是她？妹妹，妹妹，是你吗？是我呀。

Sarah：是的，嗨，我刚刚还在想你什么时候能找到我。

我：哦，我不知道去哪里找。另外，你在这里干什么呢？

Sarah：我不得不离开。我稍后再解释，但现在，让我们先回家吧。

我：好的，我们回去。我迫不及待想听听整个故事。（当我们走回去时，Sarah对我耳语。）

Sarah：她又消失了。

我：又消失了。但她刚才还和我在一起。她怎么会消失？

Sarah：她就是会这样。然后你得再去找她。

我：这得找多少次啊。

Sarah：是的，我知道。你会再次找到她的。

Alma 和 Sarah 的游戏丰富且引人深思，反映了一个孩子在试图理解自己来自何方、将去何处以及该如何抵达的心路历程。这些小插曲的独特之处在于，表面上它们可能来自同一个孩子；然而，这些故事和主题是由不同的孩子讲述的，他们在不同的时间与我工作，时间跨度长达十年。儿童游戏的相似性充分说明了儿童之间的共同主题，以及游戏在帮助孩子更好地理解和探索有关其过去的问题和感受方面所起的作用。

我在本章对不同文化背景下被收养的儿童以及他们的依恋困难给这些家庭和治疗师们带来的挑战进行了一些讨论。然而这并不意味着我的讨论是详尽无遗的。而是希望思考和讨论在与儿童的工作中常常出现的一个要素，即游戏以及其他表达媒介是如何成为一个强有力的工具，为儿童的成长和适应领养家庭的过程提供支持的。

当 Sarah 刚开始和我工作时，她差不多四岁，和养父母以及另一个被领养的哥哥住在一起。她九岁的哥哥受困于情绪爆发的问题。Sarah 是一个口齿异常伶俐的孩子，经常和妈妈谈论她哥哥的困难，并且总是像老鹰一样警惕地观察着他，以免他失控而没有人察觉。Sarah 的早熟在生活中给她带来了好处，她经常因为成熟和聪明而受到赞扬。当然，保持警惕也有另一面，Sarah 非常克制，很少向别人表达自己的感受，正如上面的片段中展示的那样，她最擅长

的是指挥他人。

十年后，Alma以一位最自信、健谈和早熟的四岁孩子形象走进了我的办公室。她玩耍、交谈、绘画、舞蹈和微笑着。简而言之，她做了人们能够想象到的一切以成为一个好的游戏伙伴。她非常迷人、有趣并富有创造力。我享受着与她的每一次会面，她也让我想起了多年前的Sarah。这些孩子在我的治疗生涯中和脑海里占据了特殊的位置。与他们每个人一起工作都很有趣，因为他们的治疗过程都是丰富且充满创造力的。同时我也在想，他们在最初的治疗中能够如此轻松地与我建立联系，是不是正是他们需要来找我的部分原因呢？其他孩子在开始治疗时会小心翼翼，生怕离父母太远，但这些孩子却截然不同。

这种差异似乎与他们的依恋史和早期经历的变化有关。在正常情况下，孩子会依附于他们的亲生父母，依赖于他们提供养育和支持，同时在与父母的互动中享受爱与被爱。虽然孩子对父母的依恋并不总是一帆风顺，但一个健康发展的孩子会形成安全的依恋关系（Bowlby，1973，1982；Ainsworth，1978）。在这种关系中，孩子在父母身边感到安全，并逐渐将这种安全感内化，以便更好地探索世界。在孩子年幼的时候，他们与照顾者在一起时最舒服，遇到陌生人会小心翼翼。然而就Alma而言，她在幼年时期并没有建立起上述的联结。她先是在孤儿院生活，后来被一个在喜马拉雅山脉充满爱的寄养家庭收养。Alma那非同寻常的吸引他人注意和让自己融入别人的世界的能力，很可能是她最终在纽约市找到一个新妈妈的关键。她来自世界的另一个地方，她吸引他人的独特技能和无所畏惧的魅力使她从其他孩子中脱颖而出。这些技能在初次会面时尤为有效，使得最初的治疗和见面变得难忘。基于我与 Alma 初次见面的经历，我可以想象她的养母在与她初次见面期间和之后的感受。Alma 的适应能力确实非同一般。

但是，这种适应能力背后的代价是什么呢？初次见面的光彩褪去后，发生了什么？这个小女孩如此努力地在他人面前留下好印象，表现得更像一个青年人而非一个孩子，但当她需要做回孩子时，又发生了什么？她还能做回孩子吗？也许 Alma 夜不能寐，像一个小孩子一样呼唤着母亲的安慰，这背后是有原因的。当母亲无法给予她完美的共情时，Alma 会说出自己不应该被收养、不配拥有妈妈之类的话。尽管这些话可能带有戏剧的色彩，但它们却反映了她真实的情感状态，这种挥之不去的不安全感，有时会转化为无法抑制的泪水。

始终警觉、成熟且善于表达的 Sarah 在家中始终关注着家中每个人和每件事。在学校，她接受了老师小助手的角色，特别致力于帮助那些遇到困难的同学。有一次，她甚至亲自向我推荐了一个受困于脾气控制问题的幼儿园同学。在此之前和之后我也没有收到过一个四岁孩子的转介。同时，Sarah 也经常抱怨头痛、胃痛和其他身体不适。尽管她非常善于言辞，但在表达情感方面却显得非常不适。一旦感到沮丧，她就会不知所措，甚至封闭自己。一个特别难忘的事件是，有一天 Sarah 在学校感到非常沮丧，突然倒在地上好像失去了意识。老师们担心她可能遭受了脑震荡或癫痫发作，立即寻求医疗援助。医护人员试图弄清发生了什么事以及 Sarah 为什么没有反应。直到一个小时后，她的母亲来到医院与她交谈，Sarah 才睁开眼睛，抬起头，站起来，拿起背包，平静地

走出医院，回家去了。事实上，她始终是清醒的。

在每个女孩的案例中，她的游戏都揭示了她在依恋关系上或是在对早年经历的困惑中挣扎的细节。Alma的游戏迅速展开，就像Sarah的游戏一样。在我们的早期会谈中，Alma指导了一个关于公主被邪恶女巫俘虏，然后被王子救出，再次被俘虏，再次被救出，如此往复的故事。Alma在家里反复玩这个游戏，尽管她不知玩了多少次。

Alma：我会扮演公主，你扮演王子。哦，我还会扮演女巫，你扮演一些守卫，好吗？

我：好的。

Alma：（手脚非常勤快并精确地布置城堡和角色）好的，我现在是公主，你是王子，我们马上要结婚。准备好了吗。

我：好了。我应该做什么？

Alma：（以友好但坚定的声音说）你应该向公主求婚，然后你会回到所有人那里告诉他们你们要结婚，他们会开始为大型婚礼做准备，但在他们举行婚礼之前，女巫会设下陷阱，她会俘虏公主，然后把公主带回她的房子并把公主留在那里。好吗？

我：是的，我想我明白了。（Alma的力量和效率让我印象深刻，同时也让我惊讶。）

Alma：好的，我们开始吧。好的，来吧。

我：好的，哦，你好公主。今天能见到你真是太好了。我的公主，我的公主，你愿意嫁给我吗？

Alma：（保持友好的声音）不，不，你应该在城堡这个地方做这些，你不应该说"你愿意嫁给我吗"你应该说"来吧，公主，我们结婚吧"。

我：好的。来吧，公主，我们结婚吧。

Alma：好的，但你应该在游戏开始时这样做，现在还没到时候。

我：我只是在练习。

Alma：好了，我们开始吧。

我：哦，你好公主。（我回头看 Alma 以确保我做的是对的。）公主？

Alma：在呢。（她期待地向我挥手示意。）

我：来吧，我们结婚吧。

Alma：好的。（Alma 现在指导我应该去哪里准备婚礼。）现在，我们走到城堡的这部分，但女巫会在那里等着我们。

我：好的，我们走过去结婚，我的公主。

Alma：（继续指导）我们走到这里（指向城堡后面），然后女巫突然出现，抓住了公主。

我：明白了。

Alma：好的，现在我们走。

我：是的，我们走。快点公主，我们就要结婚了。

Alma：（扮演女巫的可怕声音，女巫出现在了城堡墙边。）别急。哈哈。走
开，王子，公主是我的。（回到 Alma 的正常声音。）女巫带走了公
主并消失了。现在，你应该去找她。每个人都在找她。但是，他们
找不到她。

我：公主去哪儿了？都是那个邪恶女巫搞的！啊，我必须找到她。我必须
找到我的公主。我会去那边看看，去山里（我指着办公室的沙发。）。

Alma 的游戏以其独特的主题而引人注目：一个失踪的公主、一个想要独
占公主的女巫，以及一个深爱着公主并努力营救她的王子。格外引人注意的还
有她对游戏细节的精心雕琢和对布景及对话的精确指导。然而，在 Alma 指导
我该说什么的同时，我们之间的实际对话并不多。在这个过程中，Alma 并没有
透露太多关于我们场景和角色的情感线索。她也没有给我太多机会深入她的游
戏世界，而更多是让我按照她的指示行动。或许，Alma 正竭尽全力地控制那
些情感，这些情感反映了她所经历的各种丧失与渴望，或者她可能还没有完全
意识到它们的存在。无论如何，情感内容的缺失可能是 Alma 在我们的会谈中
和在家里与母亲玩耍时一直重复这个故事的原因。她可能在试图寻找那些与她
个人经历相呼应的情感，但却未能成功。取而代之的是，她将这个耳熟能详的
童话故事视为自己经历的一种替代。我将我们的游戏视为一个机会，让 Alma
开始更好地理解她的情感世界，或允许她的情感世界被感知，并允许其他人进
入她的情感世界与她相伴。既然我现在扮演了那位四处寻找公主的王子，我在
我们的会面中就有了更大的发挥余地。我期待，在 Alma 给出指引的同时，我

能开始讲述自己在找寻公主之旅中的个人体验，从而逐渐在我们的游戏中融入更多情感层面的主题。

> 我：公主，公主。哦，公主，我心爱的公主，你在哪儿？那个邪恶的女巫把你藏到哪里去了？她究竟对你做了什么？（我四处寻找，却一无所获。）啊！（我发出一声混合着悲伤与愤怒的呼喊。）公主，你在哪里？（我更仔细地查看沙发旁的山形区域。）她不在这里，这里曾是女巫的藏身之处。她一定是搬走了，把我心爱的公主关在了别的地方。我要在城堡周围再找找，可能她设下了某种魔法陷阱。那些女巫，真是可怕的生物！

> Alma：他打算去那边寻找她，但她并不在那里。接着，他进入了森林，听到了某个声音，这让他意识到公主就在附近，于是他朝这边看去（她指了指我办公室里的一个游戏屋。）然后他发现了女巫的住所，并救出了公主。但是，他们必须迅速逃离，他们在一个地方停下来想要弄点东西吃喝。这时女巫的守卫发现了他们，并且认出了王子和公主。他们不得不再次逃跑，虽然那里的一些人要帮助他们，但还有其他人要阻拦他们。

> 我：了解了。

> Alma：好的。嘘嘘！（Alma 发出声音，示意公主就在附近。）

> 我：稍等。我还在城堡附近，还没开始走向森林呢。（我这样做是为了放慢剧情的发展，让它有更多的时间去酝酿和回响，而不是仅仅快速地演

绎细节。）

Alma：好的，那你往那边去吧。

我：我正朝森林走去，希望我能在那里找到公主。哦，公主！公主！你究
竟在哪里呢？

Alma：（望向我）好的，现在我要发出声音，你过去后就会发现那是公主。

我：（点头）是的，我记住了。我懂了。继续，做那个"嘘嘘"的声音。

Alma：（微笑）嘘嘘！嘘嘘！

我：两次声音！

Alma：继续吧。

我：那是什么声音！是松鼠吗？还是兔子吗？还是森林中飞翔的猫头鹰？
或许那是一个暗示，一个信息！可能公主就在附近。我在找她，（我的
声音逐渐放慢，降低到耳语。）也许我会听到另一个线索。

Alma：（用微弱的声音）救命，救命！

我：我听到她了。她就在附近。嘘。我会悄悄走动，仔细听。（我把手放在
耳边，轻手轻脚地在办公室里寻找。）

Alma：在这里。这边。是我。她把我关在了地牢里。

我：我来了。（走到地牢前）公主，是我！我来救你了！

Alma：（开始指挥我）现在他们要逃跑，跑回城堡去。

我：（在这里我决定说服 Alma 在我们的游戏中停留一会儿，让她感受故事的情感，而不是仅仅跟随剧情的发展。）等一下。我还在角色里呢。

Alma：他们逃脱了。

我：是的，但我准备把整件事演出来。

Alma：接下来他们打算再次举行婚礼。

我：但是逃脱的那段呢?

Alma：（同情地看着我）好的。我们继续吧。

我：（用高兴的声音）太好了。嗯，我们刚才进行到哪里了?

Alma：你正在救公主。

我：对，好的，各就各位。我……

Alma：你在地牢外面，我在地牢里，你救了我，然后我们逃跑，但是女巫带着她的守卫追着我们。我们到了这个客栈，这里可以吃东西和休息，我们在那里停留，但是守卫找到了我们，然后……

我：（我举起手来，带着玩笑的语气，示意 Alma 放慢点速度。）你知道，我现在正沉浸在"救援行动"的情节中。我的意思是，故事进展得有点快了。我没有说这个故事不好的意思，它很引人入胜，但能不能让我们回到救援的环节? 我感觉自己目前正集中精力在那个环节上，之后我们再继续探索故事的其他部分。

Alma：好吧，好的。继续吧。只要别忘了他们接下来会去哪里就好。

我：完全明白，我懂。我会记着的。救援之后，他们逃到旅馆，接着被追赶，整个事件就是这样。

Alma：好的。那就继续吧。

我：好的。（我稍微停顿，感觉我们离题有点远。同时我也想确认，当我怀揣继续留在这一场景中的愿望时，没有丢下 Alma。）

Alma：怎么了？

我：对不起，我需要片刻时间重新投入到情境中。我一直在寻找你，就在你从地牢中呼救后，我发现了你，现在我要设法营救你。我只是在重新进入那种情绪。

Alma：我们能继续进行吗？

我：当然，当然。再给我一点时间。我是那位王子，我刚刚找到了你。心中既有兴奋又有……还有……

Alma：你很高兴找到了我，但同时也感到害怕。

我：（眼睛睁得更大）很好，是这种感觉。

Alma：（叹了口气）那我们继续吧。

我：准备好了。（提高声音）公主，我在这里，我来救你了。哦，我以为再也找不到你了。（环顾四周）我们得想办法离开这里。

Alma：门上的锁在侧面，打开锁我就能自由了，但是要小心女巫。

我：（我手忙脚乱地开锁，一边摸索一边发出几声恼怒的声音。）就快打开了，公主。差不多了，马上就好。

Alma：试着往那边转一下。（她边说边用手比画。）

我：搞定了。快点，公主，我们得在女巫发现之前赶紧离开这里，不能让她抓住我们。

Alma：好的，所以现在他们跑到旅馆，然后……

我：（叹气）你知道我们正在进行角色扮演。

Alma：哦，好吧。好吧。

我：公主，让我们穿越这片森林吧。森林边上有一家小客栈。我们可以先在那里歇歇脚，吃点东西，再返回城堡。公主，真不敢相信我找到了你，我担心那个女巫让你消失了或者对你施了什么咒语。

Alma：她确实那么做了。（Alma 边说话边用双手做出各种手势。）她想要施一个让我永远沉睡的咒语，但我没有让她得逞，因为我已经学会了魔法，防止她对我施加任何咒语。

我：魔法？嗯，你掌握了哪一种强大的魔法，公主？

Alma：就是魔法。我小时候从森林里的仙女那儿学会了。

我：真了不起。这种魔法一定很强大。是仙女教你的吗？

Alma：（指了指办公室的一把椅子）那边就是那家旅馆。

我：没错，就是那里。能休息一下真是太好了，这一通跑真的好累。

Alma：我知道，我也是。而且我更累更饿了，你知道我在地牢里被困了那么久。我们进去吧。（Alma进一步描述了我们所处的环境。）好的，里面有很多人，很吵，我们坐下来吃点东西，但紧接着女巫的守卫进来了，他们在找我们。

我：好的。（回到角色中）我拿起一些假装的食物和一杯饮料。哦，吃点东西真好。公主，真抱歉，你一定很饿很累，你还好吗？

Alma：是的，我现在好多了。（开始显得忧虑）但是看那边，我认识那两个家伙。他们是女巫的手下！我们得赶紧离开这里！

我：哎呀，快，我们从这边走。（我们向城堡的一侧跑去，试图摆脱追踪者。）

Alma：他们越来越近了，我能听到他们的声音。

我：我也听到了，我们快躲到那些树后面去。（我们跑到办公室的落地灯旁。Alma抬头看着我，我轻轻将手指按在嘴唇上。）嘘（我低声说，Alma点点头，我们一动不动地站了一分钟。Alma夸张地示意她一动也没动，好像连呼吸都停止了。然后，我挥手让她和我一起从树后偷看。），看来他们没发现我们。

Alma：他们可能随时回来，或者就在附近。

我：确实，我们往这边走，但要靠近树木，以便需要时我们随时躲藏。我们得保持极度安静。

Alma：好的。我们走吧。我带路。（Alma开始领路，我紧随其后。我们默不作声地继续前行，直到她突然停下脚步。）我听到了什么！

对 Alma 而言，游戏成了她面对并处理过往依恋经历和内心恐惧的机会。她总是试图掌控，表现得像个小大人，然而这种行为背后，却隐藏着一个对命运感到无助的年幼心灵。她出生在一个不起眼的小村庄，先是在孤儿院，然后在寄养家庭中成长，最终她遇到了一个愿意收养她、成为她母亲的女性。尽管初次见面时 Alma 给人留下的印象非常耀眼，但随着与人的进一步接触，她的性格变得越发任性和多变。她的游戏反映出她时常为在新家是否安全而感到焦虑。我发现，随着 Alma 在游戏中编织故事，并且将情绪（如焦虑、悲伤、失落和渴望）嵌入到各个角色中去，她在治疗过程中和家中都变得更平静了。

Sarah 的情况也类似，她创作的故事里总有角色被困或失踪，他们会突然出现或消失，并随时变换。这两个孩子似乎都陷入了重复相同故事情节的循环。在 Alma 的案例中，她在家中和母亲玩耍时也会重现这些场景。她的母亲很快就对这种游戏失去了兴趣，可能还对 Alma 总是想象自己被邪恶女巫绑架和带走的情节感到不适。Alma 的母亲当然不是邪恶女巫，她努力在纽约为 Alma 营造一个充满爱与活力的生活环境。然而，Alma 内心始终存在着一种恐惧，担心自己可能会再次遭遇被遗弃的命运。当 Alma 最初与我一起演绎她的故事时，她在游戏中保持了一定的距离。她乐于向我描述公主故事的情节，并且更加兴奋地指导我如何表演。但我更希望 Alma 能成为故事中的一员，亲身体验和表达那些与她经历相关的情感。我希望 Alma 能有机会在一个安全的环境中讲述自己的故事以及伴随的恐惧，通过情感的投入，帮助她开始推进并发展她的依恋关系和人际互动。

随着Alma游戏的深入，她开始拓展她的主题。公主和王子的故事逐渐被其他故事、角色以及丰富的表达方式所取代。同时Alma对我的城堡玩具、人偶、绘画工具，尤其是仿真食物和厨房餐具表现出了浓厚的兴趣。

自Harlow于1958年对恒河猴进行依恋研究以来，食物在理解依恋关系方面发挥了作用（Harlow，1958）。这项研究受到了Bowlby（1950）早期依恋理论的影响，该理论强调了在儿童与他的主要照料者之间的关系中，养育（nurturance）的重要性超越了给予基本的生存所需（biological sustanence）。Harlow决定在灵长类动物研究中验证这些理论。他把幼猴分为两组，并将它们放在两个不同的笼子里。一组幼猴与一个装有喂奶装置的铁丝"猴妈妈"相伴，而另一组则与一个覆盖着柔软布料、适合拥抱的铁丝"猴妈妈"相处。Harlow感兴趣于这些幼猴是如何成长的，以及他们如何与各自的"猴妈妈"联结。研究结果显示，那些与布料"猴妈妈"相伴的幼猴不仅形成了依恋关系，而且在健康方面也表现出色，例如它们能更有效地消化摄入的牛奶。这些发现为后续的依恋研究奠定了基础。此后，众多研究聚焦于儿童与父母间的关系，强调了心理同调（attunement）与安全依恋在儿童健康成长中的重要性。

但是，任何一个曾经在一碗热汤或一碗清凉的冰激凌中感到安慰的人都可以证明，食物不仅仅是一堆混合在一起的食材，它还携带着一种心理意义，这种意义对每个人来说都是不同的。对于Alma来说，情况也是如此。她不仅迅速发展出了复杂的味觉，还形成了一种近乎强迫性的需求，即吃完自己的食物，并品尝同伴的菜肴。Alma似乎总是感到饥饿，我在想这种饥饿是怎么回事。

她进食的样子，仿佛不知道下一顿在哪里，这种担忧对于一个经历过生活波折的孩子来说是可以理解的。不出所料，食物也开始在我们的游戏中出现。Alma 开始和我着手组织厨房，并制作想象食谱中的食物。

Alma：我们把食物拿出来吧。你有厨具吗？

我：有一些。看看那个箱子里有什么。（我指向玩具柜里的一个蓝色箱子。）

Alma：嗯。（Alma 在箱子里翻找，找到了一些小碟子、餐具、杯子、一把茶壶以及一个打蛋器。）你有大一点的盘子吗？还有没有其他的锅？这里的东西不够用。

我：好吧，看，这里有一个锅、几个盘子、叉子之类的，（举起另一个厨具）还有一个茶壶。

Alma：（叹气）我们就用这些东西吧。你真的应该弄个厨房。（Alma 环顾房间，她的眼睛停留在我书架附近的一个空间上。）你可以把厨房放在那里。那样我们就可以玩了。

我：这个想法不错。什么样的厨房？

Alma：你知道的，一个厨房。

我：是的，是的，但我具体需要些什么呢？我感觉到我可能在厨房用品方面不太齐全，所以我只是在寻求一些建议。

Alma：你需要更多的锅具和平底锅，一个烤箱，一个切东西的地方，还有水槽。你可以准备很多仿真食物，比你现有的还要多。

我：听起来真不错。

Alma：哦，而且它应该是粉红色的。

我：粉红色。

Alma：对，那样会显得特别漂亮。快点，我们开始玩吧。

我：你想让我在那边，就在那块好看的地毯旁边，布置一个粉红色的厨房。

Alma：对啊。我们现在要开始做吃的了。来吧。

我：我们要做点什么？

Alma：午餐。

我：午餐吃什么？

Alma：我们在做呢。（Alma 把箱子的盖子当作托盘摆放，在我的帮助下，用几个空箱子充当烤箱和水槽。我协助整理物品，并注意到她在用这些日常物品来布置与她刚才的建议几乎一样的厨房时所表现出的创造力和聪明才智。）我要开始动手做饭了。让我们看看，来做点意大利面、鸡肉、蔬菜，哦，还有牛排。（Alma 一边开始处理箱子里的每一样食物，一边报出它们的名字。总共大约有 25 种食物，她仔细地审视每一个，偶尔在看到自己喜欢的食物，比如冰激凌或是一块想象中的粉红色糖霜巧克力蛋糕时，她会停下来，她会带着微笑和满足的目光停留片刻。最后，每一样食物都有些不稳但又整齐地放在一个厚实的蓝色塑料托盘上。）

我：哇，这真是很多食物。

Alma：（脸上露出满意的表情）都在这里了！

我的目光落在摆满食物的大盘子上，脑海中不禁回想起十年前与Sarah工作的相似情景。那时我在一个不同的办公室，玩着另一套玩具。我同样拥有一些仿真食物，Sarah总是细心地布置它们，还有成群的仿真动物，她会耐心地排列它们，确保每个动物都恰到好处地放在它邻居旁边，没有一只会被遗忘。Sarah特别小心确保所有的动物幼崽都被安置在它们父母身上，以确保小家伙们安全无虞，避免它们与父母分离。

Sarah细心地考虑到了每一个动物和每一样食物，或许是为了确保没有遗漏。当一切都被井然有序地排列好之后，动物们便可以共享美食或踏上冒险之旅，但它们总是形影不离。随着时间的推移，Sarah开始允许动物们偶尔分开一段时间。动物们的冒险精神日益增强，而Sarah的焦虑感和过度的警觉性也随之减轻。有趣的是，随着她的焦虑减少，她更能够依靠她的父母来处理家里与哥哥之间的问题或学校出现的任何问题，而Sarah则允许自己更多地表现得像个孩子。当我回想起那些动物和食物，以及这些食物是如何被精心地摆放时，另一个声音似乎在呼唤我。

Alma：嗨，你在听吗？

我：是的，抱歉，我刚才有点走神。

Alma：那很有趣。我有时也会做白日梦。好的，我们来做点吃的。看看，

早餐我们可以吃……（Alma看着食物开始挑选物品。当她这么做的时候，我开始联想到她被领养前在自己的国家可能吃过的东西。我在想：这个联想是我自己的投射，还是与我们的游戏有关？）我们将吃些鸡蛋和桃子……（Alma又开始列食物清单。当她这么做的时候，我还在想这个女孩来到纽约市大约只有一年，却全神贯注地安排一顿看起来像万豪酒店早餐自助餐的饭。）

我：过去你在印度都吃什么？

对于任何治疗师来说，何时留在游戏中，何时退出是最让人困惑的问题之一，停留在游戏中能够让隐喻的深度和完整性得以充分展现，而不受治疗师将隐喻简化为线性叙述的冲动影响。线性化（linearity）对成年人来说是令人安心的，可以让治疗师感觉自己在做"治疗性"的工作。然而，这种方式未必能够尊重儿童理解和处理自己世界的独特方式（Blake，2011；Engel，2006；Kroncngold，2010）。另外，有时适时地跳出隐喻，反而可以增强儿童对经验的反思能力，并使隐喻呈现出更完整的形态（Camochan，2010）。如果能够有一个明确的决策流程图来指导我们何时应该对儿童的隐喻进行深入探究，何时应该跟随隐喻的线索，那将是非常理想的。但这样的决策往往取决于临床判断，而这种判断会随着每个儿童的具体情况而有所变化。

Alma的语言表达能力极强，她能够自如地表达自己的想法。只是她很少用言语来表达自己的情感。在与Alma的互动中，我希望借助她的想象力和游戏能力，重新连接到一个与她发展相适应的状态，但我也意识到，如果完全停留在游戏中，反而可能忽略了 Alma 重要的一部分。于是，我决定提出我的问题，通过这个问题，或许能够为我们开启一个新的探索领域。"在印度的时候，你通常都吃些什么呢？"

Alma：你指的是什么？

我：嗯，你在印度通常吃些什么呢？我想那里的食物应该和这里的很不同。

Alma：哦，对。我们那边没有这么多选择。不像这里有汉堡和热狗。那里的食物确实不同。

我：我能理解。（我们一边交谈，一边继续忙碌着准备我们的假餐点，摆放食物，把盘子放进我们想象中的烤箱里，布置餐桌。）

Alma：我们吃的是 dal bhat tarkari。（Alma 快速地说出这些菜名，仿佛急于一口气说出它们。）

我：这是什么？

Alma：Dal bhat tarkari。（她重复得非常快，至少对我未经训练的耳朵来说是这样。）

我：啊？

Alma：（有些不耐烦）Dal bhat tarkari。

我：（我还是没能听清楚 Alma 说的是什么。我尽力模仿，但感觉自己快要说错了。）Dabat taka., Taka, taka。

Alma：（笑着）不，不。Dal bhat tarkari。

159

我：（我还是没听明白她在说什么，于是我用友好的态度问。）你能再说慢
一点吗？我有点跟不上。（随着我们放慢发音的节奏，我注意到我们在
想象中厨房里的活动也相应慢了下来，而 Alma 似乎正在准备一道我
之前未曾见她摆放过的菜肴。她在一个碗里放了一只玩具鱼，周围仅
摆放了几样简单的食材。）

Alma：好吧。

我：我们一个一个来。第一个词是什么？

Alma：Dal。

我：Dal。

Alma：Bhat。

我：Bhat。

Alma：Tarkari。（她说这个词时，听起来更像 tree。）

我：什么？（我皱着眉头，期待地看着她。）

Alma：Ta-ka-ri。

我：啊！Ta-ka-ri。我明白了。Da，嗯，等一下。（我正在尝试记起
这道菜名的前两个单词，但有点困难。）我能做到。嗯，Da，ba，
takari？

Alma：（翻白眼，又笑了）不，傻瓜。Dal bhat tarkari。

我：你也知道当你这样说的时候我真的跟不上。Dhal，tak，tak，tak，嗯。

我不知道。

Alma：我现在在做晚餐。

我：好的，我会帮忙的。

Alma 与我继续着手准备晚餐。我负责准备蔬菜，而在这个过程中，我注意到 Alma 似乎在精心制作一道特别的菜肴，而不是随意地使用办公室中可得的各种食材。我们讨论着她的故乡和她过去常吃的食物，我观察到她与这些玩具食物之间的关系开始转变。Alma 已经能够自如地在游戏与对话之间切换，或者说，在想象与现实之间穿梭。实际上，她似乎将两者融合在了一起。随着她的菜单变化，我们的对话也发生了转变。当她开始准备三文鱼——一道似乎带有更多情感寓意的菜肴时，我们的交流进一步发生了变化。我们之间的幽默感赋予了对话轻松愉快的特质，并增加了 Alma 和我之间的联结，使得我们能够更自然地分享她在印度生活的一个小片段。

我：你会想念你在老家的食物吗？

Alma：不太会。偶尔会想起来。我们这儿也有很多好吃的。

我：哦，好的。我只是好奇。你知道的，那道菜，（我在发音上还是有点
　　挣扎。起初我觉得有点傻，但很快我意识到这是一个机会，因为我
　　的发音困难意味着 Alma 可以成为我走入她世界的向导。）bhak 那个
　　什么菜。

Alma：（笑）Dal bhat tarkari。我们想过要做，但后来没做。总有一天我
　　们会做的。好的，这顿晚餐快准备好了，我在锅里做三文鱼，配上

酱油。

我：（我对这道菜与其他假想食物创作之间的不同感到十分好奇。）三文鱼搭配酱油。

Alma：对，我们要做三文鱼碗。我们需要酱油，还需要一些米饭。嗯。你有酱油吗？

我：没有，但我们可以自己做一些。

Alma：怎么做？

我：我们可以画出来。

Alma：好主意。（当Alma和我转而专注于绘画板和美术用品时，我开始勾勒出米饭的小颗粒，而Alma则绘制酱油。我们花了几分钟审视我们的设计，并剪出我们将用于菜肴的部分。）你能再做一些那个吗？我们需要很多米饭。直接把它们扔进锅里就行，它已经在煮了。（Alma一边查看三文鱼锅一边说。）

我：当然可以。我会再做一些。（闻了一下）闻起来真香。

Alma：没错，它会非常美味。

我：我以前从没做过这样的菜。

Alma：真的吗？哦，我经常做的。你真应该尝一尝，它真的很好吃。

我：肯定的。

　　我们沉浸在制作三文鱼菜肴的过程中，动作缓慢而平和，仿佛在进行一场冥想。我们的游戏变得更加宁静，我们之间的交流，无论是言语还是非言语上的交流都显得不那么急促了。Alma 的游戏带有一种前所未有的宁静，仿佛她第一次感觉到自己拥有充足的时间，不必急于在单次会谈中塞满尽可能多的信息和内容。很明显，Alma 开始谈论她在印度的生活、她的食物游戏从简单摆放转变为创造个人菜肴的过程，以及她在会谈中越来越平静之间存在着某种联系。对于 Alma、Sarah 以及其他孩子而言，我们的工作重点是在治疗关系的支持下，帮助他们找到自己内心的声音。Alma 无疑能够独当一面，她是我所遇见的最为坚强的四岁儿童之一。然而，她那看似坚定的声音对他人而言可能只是一种掩饰，她日常的闲谈和沉着反而遮掩了一个经历了无数变迁和不确定感的孩子的真实面貌。Alma 需要通过演绎消失公主的剧本来与她早期的经历相联结。她需要通过制作食物的游戏来重新找回自我的一部分，这将帮助她完整地转入与养母在纽约市的新生活中。同样，Sarah 也需要我参与到她自己的家庭剧本中，以及她渴望被找到、永不再迷失的愿望里。

　　这些孩子们都在治疗性关系的环境中，使用游戏来探索和理解各自过往经历的各个方面。她们每个人都创作了小故事，这些故事在描述失踪的公主、忧郁的王子与母亲，以及意图不明的邪恶女巫时，有着惊人的相似之处。每个孩子在游戏中都表现出异常的控制欲，努力维持对场景的主导权，这些场景在早期是远远超出他们控制的。当然，这些孩子在游戏内容、与我的关系以及她们的个性方面都有明显的不同。但是，她们共同的表现和偏好清楚地反映了她们

共同的经历和依恋背景。她们的游戏表达了一种共同的渴望——渴望理解、渴望联结，并渴望为自己的经历发声。这种渴望可以通过给予这些孩子们一个参与和表达自我的空间得以满足和尊重。

Permissions Acknowledgments

This chapter is adapted from the chapter "The Princess and Dal Bhat Tarkari: Play Therapy with Children of Cross-Cultural Adoption" of Malchiodi, C. A., &Crenshaw, D. A. (2013). *Creative arts and play therapy for attachment problems*.Reprinted with permission of Guilford Press.

Stories from
Child & Adolescent
Psychotherapy

A
Curious
Space

儿童青少年心理治疗的故事

创造好奇的空间

颠倒

第七章

　　"我们的章节写得怎么样了？"David问道，他一如既往地好奇心旺盛。我回头疑惑地看着他："我们的章节？"他得意地继续说："对啊，写得怎么样了？我想确保它能完成。"他笑着补充道："我很感兴趣。"我停顿了一下，然后说："好吧，等一下。我当然很高兴看到你这么有热情。不过，我得说，我最近确实很忙。还有，什么时候它变成了我们的章节了？"David毫不犹豫地回答："这是关于我的故事。我记得你最初为什么要写我，这就是我们的章节。我们之前讨论过这个。"他更加得意地靠在椅子上。我说："好的，好的，我懂了。不过我想指出一点，真正在动笔的是我。虽然这可能是个小细节，但我觉得还是值得提一下。"David笑着说："那你打算怎么称呼我？一定要取个好名字。""你说吧，"我有些无奈地说，"你想要我叫你什么？""比如说Marco怎么样？"我挑了挑眉，重复了一遍，"Marco"。David期待地看着我，等待我的回应。"为什么选Marco？"我问。"听起来很酷。"David解释。"听起来你像是来自米兰？"我说。"好吧，那Carlos怎么样？"我带着点怀疑看着他。"那么Jesus（耶稣）？"他提议。"我不太喜欢。"我温和地表示。"好吧，那你就想个好名字吧。这很重要。"David强调。"我会尽力的。"我叹了口气。

　　就这样，我和David的咨询开始了，他觉得这个名字虽然普通，但还算合适，总比Carlos、Jesus、Maurice、Ivan这些名字要好。在我解释了自己为何迟迟未能动笔写这一章之后，我们又回到了David经常在咨询中提及的话题："我今天真的得来吗？有什么意义呢？你知道我是怎么想的。"他提出了抗议。"你知道其实这对你有帮助。"我回答说，这可能是过去六个月里我第一百次这样说了。这时，David的声音变得更加兴奋，"我只是想让你知道。如果你想要取消，我真的不介意。如果那样的话，我反而会很高兴。你无法想象我会多开心。你知道我讨厌来这里。我是说，我真的讨厌这里。是我妈妈让我来的。我讨厌治疗，我一直都很讨厌。这完全没用！"在过去的几个月里，我无数次听到这些话，我甚至担心如果哪天少了David提醒我他多讨厌治疗以及治疗多没用，我都会觉得奇怪。这像是他每次见我时需要抛出的免责声明。我微微仰头，假装在寻求上天的帮助，"我们继续吧"，我说。"没错。我就是讨厌这里。我从未接受过任何治疗师的帮助。我认为整件事都很愚蠢！你不知道我在治疗中有多痛苦。我讨厌它！没有其他词可以形容！"David的声音现在柔和了一些，"顺便说一下，我只是想让你知道我并不是针对你个人"。我微微一笑，"感谢你的安慰"。David安静了下来。我接着说："关于这个还有其他要说的吗，还是我们现在可以继续了？""我没事。"David回答。"确定吗？我不想阻碍你的表达。""不，我很好。谢谢。""很好。"我回答，然后我们开始讨论高中考试以及David的恐惧。

焦虑主宰着David的生活。他害怕拥挤的场所，担心学校组织的旅行会发生意外，甚至害怕坐飞机失事。他害怕去大学，害怕在自家之外的地方睡觉，害怕有朋友在他的家里过夜。这种焦虑让他无法与人亲近。在最好的日子里，他心中也充满了隐忧；而在最坏的日子里，他更是被一波又一波的惊恐发作所侵袭。这种情绪深深地影响了他的日常生活，使得他的日常事务和活动都围绕着如何避免这些难以忍受的恐惧感展开。

当David第一次被推荐给我时，我对于是否要和他一起工作感到犹豫不决。

这个年轻人聪明、热情且社交能力强，然而备受焦虑的折磨，他的恐惧已经严重扰乱了他的生活。五年前，也就是在他出现症状之前，David在生活成长的各个方面都取得了成功。我当时认为对David来说最好采用认知行为疗法，专注于缓解他的焦虑症状，并帮助他理解和处理与恐惧相关的思想、情感和生理反应。在我的经验中，这种以症状为基础的方法对于治疗焦虑症是有效的。虽然我在工作中整合了这种方法，但我不认为自己是认知行为专家。我认为像David这样有显著焦虑症状的儿童或青少年会从与更专业、更有经验的认知行为治疗师合作的个性化治疗中受益。我向David的家人解释了我的思路。他们感激我的诚实，然后告诉我David已经尝试与各种各样的认知行为治疗师合作过，但收效甚微。每次治疗都因为进展不够快，而让David感到沮丧，对改变的可能性持怀疑态度。学校心理咨询师支持他们来找我，认为我的多元化治疗方法和轻松的工作风格可能会帮助David更好地应对我们工作过程中的起伏。我告诉David的父母我愿意尝试。我计划将针对焦虑的讨论和策略，与我对开放、随意治疗环境的偏好结合起来，为David创造一个他能够稍微放松一些的空间，我们将评估他的状况，来看看我们的工作是否有效。

所以，我和David见面了。他是一个友好而热情的十五岁少年，在我办公室轻松落座时显得有些不安，他的难以摆脱的焦虑和强烈的好奇心混杂的感觉在一起，并不令人讨厌。我们的对话一开始，David便开始表达了对他的前几位治疗师的不满。我心中暗想，他对我们第一次见面的感受可能也好不到哪里去。其中有一位年纪较大的精神科医生（David总是不停地提及她的年龄），她讲述的治疗故事让David感到心烦意乱。我不禁好奇，这些故事是如何在他们之间产生的，但此时David正滔滔不绝地详细地数落她的缺点。还有一位治疗师在讲述他的严重精神疾病经历后吓到了David。还有一位治疗师曾给David留家庭作业。David本来就不喜欢作业，对于治疗的作业更是深恶痛绝。他不断地严厉批评着各个治疗师和他们的治疗方法。David说起来头头是道，他的治疗经历丰富，对各种治疗方法也颇有了解。他的态度也一直很吸引人，不是那种试图通过贬低其他治疗师来博得我的好感，而是真诚而温暖的样子。我问："那么你对我们工作的感觉如何？我的意思是，你已经尝试过很多次治疗了。"听到这里，David的笑容消失了。"治疗是没有用的，我只会感觉更难受。我知道这一点。我来这里没有意义。这完全是在浪费时间和金钱。是我父母希望我来的。就是这样。谈论我的感受有什么意义呢？我只会变得更加痛苦。"David的话让我很吃惊，这与我们这一节之前谈话中表现出的温暖相距甚远。

在初次会话或咨询中，连问多个问题后，我都会询问对方是否有任何想要问我的问题。只要问题在我能接受的范围内，我都愿意尊重孩子或青少年对我们工作的合理兴趣。David不需要任何鼓励，问题就像雨点一样落下来。"你从事心理咨询工作多久了？""你接触过多少个病人？""你是哪里人？""你上的是哪所学校？""你在这个办公室工作多久了？""你喜欢你的工作吗？""你有孩子吗？""他们多大了？""你在治疗中通常采用什么方法？""你真的认为治疗有效吗？""你有帮到过人吗？""你会不会承认有时候你帮不了人？""有人在和你咨询的过程中自杀的吗？""来这里的孩子一般多大？""你一般怎么和小孩子交流？""你最喜欢和哪个年龄段的孩子工作？""你住在这附近吗？"

我并不认为这位善于社交的年轻人提出这些问题是因为他不知道边界在哪

里。这会不会是一种试探呢？他是不是想试探一下，通过提出私人问题，他能够让我退让到什么程度？但这背后的目的又是什么呢？有些青少年想要看看我是否会设定边界，他们问我问题，以此来判断在治疗中他们能够逃避多少责任，就像他们试探父母容忍的极限一样。也许我错了，但我不觉得David是那种喜欢挑战极限的人。我没有因为他打听我的个人细节而感到被冒犯或不适。他的问题虽然带有压力，但又很有趣。或许提问其实是他的逃避策略，用来转移我们讨论的话题。毕竟，David对于治疗的感受以及他认为治疗对他帮助甚微的态度是非常明确的。他可能是在用这些问题作为一种心理防御。但也许这背后还有更深的意义。提问可能不仅仅是为了转移话题，更可能是他在保护自己，避免再次经历治疗失败的痛苦，同时也在保持一个安全距离与我互动？我想象David第一次接受治疗时的心情。他是犹豫的吗？是充满热情的吗？还是满怀希望的？他是否在会话中提出了许多私人问题？随着时间的推移，当最初的焦虑发作、恶化并发展成一种持续且令人衰弱的惊恐发作的循环时，他都经历了什么？

当我回顾David过去五年的艰辛历程，我开始重新思考他所提出的问题。我们每个人或多或少都会与焦虑斗争，但那种害怕到无法在家庭以外的地方入睡，或是无法准备学校作业的感觉，究竟是怎样的呢？设想一个人生命中极度紧张的时刻，再设想一下一个人一直在经历这种感受。光这个画面就够痛苦和悲伤了。想象一下，当日常的忧虑升级为令人恐惧的担忧，一个人的体验会多么的不堪重负和失去控制。再设想一下，你向专业人士寻求帮助，希望摆脱这种痛苦，但即使计划得再好、执行得再好、尝试仍然失败了。想象一下这样的失败重复了几次，你还得再次尝试继续拜访另一位专业人士时的心情。也许，David在这些专门为了帮助他战胜恐惧的咨询中，需要掌握一些生活的主动权。或许，David提出的问题，就像小孩子在治疗初期为了掌控局面而进行的主导性游戏。有没有可能，David有时候需要扮演治疗师的角色，扮演那种我们通常认为具有更高权威的职位，向我提出问题，而不是仅仅回答问题呢？

长期以来人们都在思考自我表露（self-disclosure）在心理治疗中的位置。Ferenczi（1949）、Yalom（2002）和Beck（1990）等人物分别代表了精神分析、人本主义和认知行为传统，都支持在治疗过程中适度地进行自我表露。然而，这个问题是复杂的。虽然自我表露的话题被大量论文讨论，但通常这些讨论与偶尔的询问有关。我回想起与David合作的初期，我不知道有哪位心理治疗师会与孩子交换着问问题。在人本主义传统中，Yalom 提出的关于治疗师自我表露的问题可能最具探究性和启发性。值得一提的是，他最具启发性的描述出现在他的书《当尼采哭泣时》（When Nietzsche Wept）（1993）中。在这本书里，Yalom想象了Joseph Breuer和Friedrich Nietzsche之间的治疗。在书中受人尊敬的Breuer博士和内心高度冲突的Nietzsche轮流互相帮助。在某种程度上，这本书反映了Yalom认为治疗是两个同行者的旅程的信念。值得注意的是，Yalom的书也是一部虚构的作品。我选择回答David的问题，但我感到不舒服。

"嗯，我从事这个行业已经有一段时间了。我是在2000年开始的，"我对David说，"我不能确切说出我服务过多少人。我没算过。我来自纽约，就住在这附近。我确实很喜欢这份工作，但我很难具体定义我的工作方法。我是说，这在很大程度上取决于你是怎么想的。"我不假思索地脱口而出，压力下我的紧张情绪显而易见。我再次看向David，他坐在那里，显得有些惊讶。"我很乐意继续回答，但我很好奇，"我试图轻松地说，"你总是问这么多问题吗？"David身体微微僵硬，沉默了片刻。他回望着我，平静地说："只是好奇。"他的声音低沉而缺乏情感。我对他问题的提问使他退缩了，我试图帮他恢复。我设身处地地想象，从一个陌生人那里寻求帮助，倾诉自己的恐惧，同时疑惑这个人是否能够帮助他，这对David来说会是怎样的体验。这样一想，我对他的提问感觉好了些。"好的，"我接着说，"我乐意回答你的任何问题。真的。当然，如果有的问题让我觉得不舒服，我会选择不回答，希望你能理解。我想你也不会回答被问的每一个问题的。"David肯定地点了点头，脸上还是带着惊讶。我继续说道："好的，我是说，让我们看看我们现在的情形。我一开始提了几个问题，你没有回答，反而问了我一大堆问题。所以，我不会回答每一个问题，这是可以理解的。""等一下，停，等一等，"David打断了我，他的眼中闪烁着一丝笑意和深邃的光芒，"你总是这样吗？"我抬头望向天花板："总是怎样？""像这样把事情大声说出来。""有时候会。""有时候是什么时候？""有时候，就是有时候。""这究竟是什么意思？""如果我告诉你我不知道呢？""我可以接受。"David耸了耸肩，在沙发上放松了下来。我们这种荒谬的对话让David和我都感到了安慰。

当我想到我和David的第一次会谈，他一定有一个接一个的担心，才会快速问出一个接一个的问题。我在想，如何才能让他稍微放慢，同时我认识到，我需要找到一个让他感到相对舒适的点来与他工作。他似乎很享受我们之间的玩笑，而且他很有幽默感。我相信，这两点在我们的治疗中会很重要，能够帮助我与David建立起联系，进而让他开始学着应对他那不断升级的痛苦。

　　再次会面时，David边看着我边坐下来，"博士，我又来了"。"是的，很高兴再次见到你。"我回应。David问："你这周怎么样？"我回答："巧了，我正打算问你同样的问题。"David没有回答，继续问："那你周末都干了什么？"我带着"我们每周都要这样吗"的无奈表情看着David。David继续问："对了，顺便问一下，你家人怎么样？"我稍作思考，决定继续回答。虽然我心里有既定的计划，但我觉得和David交流，我应该采取更迂回的方式。"他们还行，感谢关心。"我回答。David带着期待的目光看了我一会儿，显然他希望我能分享更多。"其实周末没什么特别的，我去了公园，处理了一些家务，帮着做了点杂活，还稍微打扫了一下。"David似乎对这样的回答并不满意，他继续追问："你周末一般都做些什么？去公园都做些什么？"我有点摸不着头脑，不确定他到底想要了解些什么。我已经开始了回答他一连串问题的过程，心里犹豫自己是否做错了，难道接下来的四十五分钟都要用来聊我周日下午逛超市吗？"看情况，我的孩子们有足球比赛，周末的一部分时间在干这个。"David现在感兴趣了，打断了我，"他们在哪里踢球？学校？团队？西区足球俱乐部？"这下，我家孩子也被搞到我们的聊天里来了。"他们在一个巡回赛队伍里踢球。"我说，我指的是一个在城市和郊区不同地方比赛的团队。David想知道更多，"所以你们周末有比赛，还有其他要做的吗？""他们花多少时间跑来跑去？""他们周中要训练两到三次，加周末比赛。"David听后挑了挑眉，"哇，真不错。他们踢得怎么样？"我停顿了一下。我们这段对话到底在干什么？如果我去找

David做心理治疗，我能理解这对话的意义，这是为了我自己。但现在情况相反，是他来找我做心理治疗，而我竟然要向他提供关于自己孩子们足球水平的信息。"嗯，他们踢得还不错。""谁踢得更好？""你问谁踢得更好是什么意思，我没法回答。我是他们的爸爸！"David思考了下我的话。"好吧，我懂你的意思了，那就算了。但是他们真的很好吗，还是只是一般般？他们有机会去大学踢球，或者获得奖学金吗？"我带着疑惑的表情回答："我不是专家，但老实说，我不这么认为。他们在纽约市的足球队里踢得还算稳，参加的也是不错的巡回赛，但没人打算成为职业球员。他们喜欢踢球，这更像是一种家庭活动。"

出乎我意料，话题突然转了个方向。"我偶尔会在我们附近的河滨公园踢球。"David提到了我们共同社区里的公园。我问："是临时组队的那种比赛吗？""对，"他说，"上周我和几个人一起玩。其中有个家伙踢得很好，我是说，真的很厉害。我觉得那家伙能到处踢，像职业球员一样。""他能做什么？"我好奇地问，"我是说，他有什么厉害的地方？""太厉害了，"David回答，"那家伙速度快，力量强，脚下技术也好。他真的很棒。我踢球也就一般般，但那个家伙是我见过场上最好的。他肯定能拿到奖学金。那些职业球员一般能赚多少？"我问："你是说在职业联赛里？""对。""我觉得在美国，职业球员的收入不算高。如果他们能在欧洲踢出名堂，那倒是能赚些钱，但那条路可不好走。所以你是个足球小子？"我问。David回答："我踢球只是为了好玩，篮球才是我爱的。"真新奇。

我问："你在哪里打球？"David回答："我在一个巡回赛的联赛里打。""比赛都在哪里进行？"我继续追问，心里暗自惊讶，一向容易焦虑的David竟然能够应对这些比赛的压力和旅途劳顿。"不同的地方，有时在市内，有时在韦斯特切斯特。""那你打得怎么样？""还不错。有些比赛打得特别好。上个赛季我有一段时间表现非常好。真的，打得很好。有一场比赛……"David开始向我描述他在篮球场上的英勇事迹，最重要的是，他说得比我多。我发现，David之所以感到自在，似乎来自他向我提问而我回答了他。

David像往常一样用他那友好的笑容迎接我们的下一场会谈。我开始问他的一周过得如何，但我不确定自己为什么要这么做。"那么，你过得怎么样？大部分人怎么叫你？"David好奇地问。"一般都叫我Henry，"我解释说，"有时候有人叫我Kronengold博士，还有一群人叫我Henry博士。""Henry博士？"David笑了起来，"那是什么？"我边回答边指向自己，"那就是我呗"。David觉得很有趣，"Henry博士？"他看着我，好像我打扮得像一只紫色恐龙。我决定以玩笑的方式回应他，于是说："你好像在对我评头论足。"David连忙否认，"不，不，我没有。我很想听，请继续"。我看着他，这是我们工作中我第一次强忍着不笑。"我能感觉到一些事情，这是我的专业训练的一部分。"David回望着我，现在他脸上也露出了微笑。"好的，请吧，Henry博士，说说关于你的名字的事。""这个嘛，"我接着说，"我觉得有些人可能觉得直接叫我的名字不够尊重，同时又觉得叫Kronengold博士太正式了，所以就有了Henry博士这个折中的叫法。很多人都这么叫我。"David听了之后，想了一会儿，然后说："这名字听起来挺可爱的。""可爱？""对，叫Henry博士挺可爱的。我就叫你博士吧，可以吗？""当然可以，没问题。"我总结，"如果你高兴，我也高兴"。"只有我这样叫你吗？""嗯，"我拉长了这个词，想了一会儿，"不是的，实际上有几个人这么叫过我。"我注意到David听到这里显得有些失落。"不过并不多,"我试图安慰,"为什么?你想成为独一无二吗?"David没有理会我的这个评论,继续提问:"那么博士,随着时间的推移,人们对你的称呼有变化吗?"我对David的敏锐洞察力感到惊讶。碰巧他说对了。随着我年纪的增长,确实越来越多的人倾向于叫我博士,而叫我Henry的人越来越少。在我们交谈的时候,我想起了我见过的一些最焦虑的孩子们和他们天生的直觉。焦虑的心灵似乎对他周围的世界有一种穿透力,让其在脆弱和洞察之间不断地切换。David对此感到高兴,但很短暂,因为他突然转换了话题。David问:"我说过我讨厌治疗吗?"我感到意外,心里思忖着我们这次谈话的走向。"是的,这是你一开始就告诉我的事情之一。"我知道David变得更自在了。也许他自在得过头,需要提醒自己他对治疗并不看好,以重新保持一定的距离。对我来说很明显的是,David喜欢我们的会话,我也喜欢,而且他确实想要一些帮助。当David继续表达他的不满时,我暂时打断了他:"我有一个问题。首先,很抱歉打断你,我只需要一点时间,你也可以忽略我。"我稍微停顿了一下,然后继续说:"你为什么更喜欢谈论我的生活,而不是你自己的?"

David默默地看着我,思索着他的回答。我并不是想让他措手不及,相反,我认为那样做是最糟糕的策略。让他措手不及意味着会引发他的焦虑,这反过来又会导致David的退缩,而且这样做还会破坏我们之间正在建立的亲密感。我需要等待合适的时机,当David和我真正投入到对话中时再提出我的问题,即使有挑战性,也不会吓到他。我的目的不是向David展示我对他的了解,也不是为了出其不意地证明我有多聪明。这两种做法都是咨询工作中的陷阱。相反,我想等待合适的时机,以一种感觉自然、好奇而非评判的方式来询问David为何回避谈论自己的生活。他又看了我一会儿,然后在椅子上稍微坐直了一些，身体略微变得僵硬。"我不知道。"接着他再次"换挡"，声音带着愤怒，"我和你说话到底有什么意义？"David 既像是在提问，又像是在发表声明。"这可能会有帮助。"我说，同时身体前倾，声音中带了强度。听到这话，David 显得更加焦躁，站起身来在房间里来回走动。我安静地等待着。我的问题显然触动了他的情绪，我希望在帮助他度过这一刻的同时，也能给他足够的空间去表达内心的感受。"从来没有。我尝试过治疗，而且很多次了。"David 的身体紧绷，语气更加愤怒，"治疗对我没用。我告诉你，这是浪费时间。你不明白吗？"他停顿了一下，尽管我在犹豫是否应该打断，但我还是让他继续说下去。David 的眼睛里充满了怒火，他继续说："我讨厌它！讨厌它！我和你说过。我讨厌这种感觉！我讨厌谈论这种感觉！"David 看着我，他的面容刻着深深的痛苦。我在考虑是否要反馈他的感受，但最终决定继续与他互动，因为我们的关系是建立在我们开始发展出的这种往复的交流上的。我感觉到自己身体的紧张，思考着如何回应。我不想说出任何源于我个人焦虑的话，也不想让 David 感到孤立无援，因为我看到他的忧虑正在逐渐控制他。我深呼吸了一下，提高了声音的强度并直视 David，"我明白你认为这是愚蠢的。我知道你现在的感受很糟糕"。当我开始说，David 盯着我，听着我的话，但看起来很痛苦。"我知道以前的治疗没有帮助到你，"我停顿了一下，"我知道你认为你无法得到帮助。"我顿了顿，"永远。"我再次停顿了一下，"你完全有权利这样想。我只是不同意你的看法。"我刻意把我的话间隔开一些，让 David 有时间吸收我所说的每一句话，并给他一些冷静下来的时间。我希望每一个停顿都能给我们一些空间，让 David 的激烈情绪变得容易被接受一些。"好，怎么帮？它怎么会有帮助？请告诉我！"David 再次停顿，他还没说完，我让他继续，"你不明

白这是什么感觉。我以前尝试过，但没有一次成功。一次也没有。你明白我有多难受吗？你真的懂吗？我以前一切都很好，很正常，可以去任何我想去的地方，做我想做的事。现在一切都变得糟透了。去年我连学校都去不了，但学校的心理咨询师帮到了我，他是唯一帮到我的人。"David终于停下了，他的身体仍然紧绷，像是盘绕在情绪的迷宫中。我想要尝试在这种感觉中留一会儿，我赌了一把，如果我们能够共同度过这段压力时刻，David将能够开始容忍我们治疗过程中的其他不适瞬间，无论是我们之间的，还是关于他自己的。"他做了什么有帮助的事？"我的声音从之前的强度中放松下来，好奇地问。David也开始平静下来，解释道："他会和我交谈。我对于去学校感到非常紧张，但他允许我在需要的时候与他联系。"他一边说，一边又变得焦虑起来。"我仍然记得去年，当我最终回到学校的那一天，我害怕极了。第一天我就给他打了电话。他见了我，和我聊了聊，让我平静了下来。他真的帮了大忙。""他真的帮到了你。"我边说边稍微提高声音以便和David交流，他又开始放松了一点。"他只是和我聊天。大部分时间他都在听我说，这帮助我渡过了难关。""我可以试着做同样的事吗？"我歪过头问。David现在开始回应，他的手也开始动了起来。"但他在学校。当我遭受惊恐发作时，他能帮得到我。这就是他能帮到我的原因。在这里又有什么用？"David的脸上露出痛苦的表情，"太可怕了。太难受了。你知道经历惊恐发作是什么感觉吗？"我看着David，回答："感觉就像你快要死了。""是的，就像我快死了。一切都乱套了。"David把头埋在双手之间，我等了一会儿才继续。稳定了一下自己的情绪，我问David："现在发生了什么？""我讨厌这种感觉。现在只是谈论它，我就感到很痛苦。这就是我不喜欢去治疗的原因。"他的声音越来越大，"我讨厌谈论这些事情！你怎么可能帮到我？！"

　　房间里的紧张气氛让回答问题变得困难。我感到焦虑，在这种状态发出的评论只会让David更加不安。另外，如果刻意表现得过于平静，就像是切断了自己的情绪，忽略了房间里的真实情感，这可能只会使情况变得更糟。我给了自己一点时间，让自己既保持对焦虑的感知，又稍微平复自己的情绪，提醒自己我正陪伴着一个正处于困境中的年轻男孩。因此，我尽可能诚实地回答了他最后一个问题，或者更恰当地说，是他的指责。"我怎么才能帮到你？这是个好问题。说实话，我也在思考同样的问题。"David停下来，回头看着我。他的问题和我回答之间的停顿给了他一点时间来收拾自己的情绪。"你说什么？"他露出不可思议的表情。我接着说："我真的也在思考这个问题。我的意思是，我确实相信治疗是有益的，这基于我自己的亲身经历。当然，我可能是错的，也许我只是在自我安慰。"听到我承认我的疑惑时，David显得有些吃惊。"但是，"我接着说，"我一直在想治疗是如何起作用的。"David露出微笑，看起来有点困惑："所以你其实不确定你的工作是如何发生作用的？"我犹豫了一会儿才回答："是的。"David忍不住提出了下面的一系列质问："你每天都来这里！你见很多人，对吧？你已经做这个很多年了！那你为什么要做这个？如果你不知道这是怎么起效的，你怎么还能为此收费呢？"我迅速回答道："哦，因为我认为我能帮到人们。顺便说一下，这也包括你，就像我们之前谈到的那样。"David又坐了下来。"但你完全不知道为什么吗？"我再次用手示意，好像在提醒他不要太过头了。"好的，也许那有点夸张。并不是说我一点都不知道。实际上我有很多想法。我只是不确定它们中有没有一个是正确的，或者哪种组合是有帮

助的。"David现在看起来很好奇，这可能是他对我在我们开头这些次会谈中所说的最感兴趣的一次。他说："继续说。""当然，"我稍微整理了一下自己的思绪，思考着我要在心理治疗理论和技术这个话题上走多远，"这个话题我可以讲很久，这是我特别感兴趣的一个领域。"David开始对我微笑，"你多久思考一次这个问题？"我皱着脸快速地在心里计算了一下。"大概每隔一天。""当你做治疗的时候？""不会，我有职业责任感。"我假装不满地看着David，"你知道的。我每天结束时离开这里，会想我那天做了什么，以及那些做法为何有效。你有什么想法吗？"我转向David，他看起来很惊讶："你在问我？""对，"我解释说，"毕竟你也是一个有过治疗经历的人。"David接过话茬，给这句话做了补充："一个认为治疗是浪费时间的人。""说得好，"我指出，"但你肯定还有补充。治疗有过任何帮助吗？"David迅速回答："没有。一刻也没有。"我怀疑地看着他，"一刻也没有？""真的。没有一刻是有帮助的。"David现在看起来很坚定，"我讨厌治疗的每一分钟。没有什么是有用的，你不明白吗？"他的声音又开始提高，但我当时不想陷入无休止的争论或让他感到更沮丧。我对他个人的治疗经历，以及这些经历与我们的工作有何联系感兴趣。我越来越感觉到，David在克服焦虑方面取得进展的能力根植于他在我们的治疗中逐渐建立的信任。至于这种信任和我们将开始讨论的减轻焦虑的技术中哪一种更有帮助，我对此兴趣不大，也不会把这个问题留到一天结束时走去地铁站的路上去思考。"我不想争辩。我知道你认为见我是无意义的。"David平静了下来，安慰我说："我告诉过你，这不是针对你个人。"我保持着平和但带着感情的语调，以表达我对David所说的话的感激。"我知道，我明白。我知道这不是针对个人的，"我轻轻地摇头表示理解，"我不明白的是，为什么你这么坚信这一切是浪费时间。"

　　我等了一会儿。我知道David仍然感到心烦意乱，但已经不像我们谈话初期那么强烈了。我们已经度过了那些情绪激烈的时刻，我决定继续深入探讨David的焦虑问题，于是我问："你能告诉我你现在感觉如何吗？""现在？"他回答。"是的。"我说。David沉默了一会儿，"我说不上来"。我又停顿了一下。"再努力试试呢，"我鼓励道，同时对自己的措辞感到些许后悔，"留意一下你的感觉。一开始可能会觉得有点不自在，但跟着它。我知道这和平时不一样。"David迅速回应："即使我感觉到了什么，又有什么用？我只会感觉更糟！"我再次停顿。"我不能保证什么。只是试试看。"我唠叨着，同时脑海中思考着其他可能奏效的策略。David讨厌呼吸练习，在我们第一次会面时他就抱怨过这个，所以我暂时不会用它。也许可以试试自我对话或对他感受的认知重构？我的思维开始游离，因为我很快意识到我已经提前想好了太多应对策略，而我首要的任务是帮助David意识到他正在感受的情绪。这听起来很矛盾：一个如此深切地感知到自己焦虑的年轻人，实际上却没有意识到自己的焦虑状态。也就是说，他并没有注意到随着担忧加剧，他身体上的反应，而这种反应可能是他应对强烈情感的一种方式。David突然打断了我的思考："我感到很焦虑。""很好。我是说，我很抱歉看到你这么焦虑，但我很高兴你能注意到了。你是怎么感觉到的？"我问。"我就是有这种感觉。"David回答。"好的，现在关注你的身体。""想不注意都难。""没错，说得好。那么，感受你的身体，你觉得焦虑在身体的哪个部位有体现？""你这是什么意思？""试试看。注意你的身体，你感觉到的任何感觉，并描述它们。从胸部开始，你感觉到了什么？"

"我穿着一件衬衫。"David脸上露出了一丝笑意。"感受你身体内部。感觉你的心跳。""它在跳动。""这很好。描述一下你的心跳。是快速的，慢速的，还是中等速度？这是你平时的心跳吗？""我不清楚，我一般不会监控自己的心跳！"David在观察中点缀了一丝幽默。"啊，如果你要做你想做的事和去你要去的地方，这会有所帮助的。你会明白的……"接着，我向David解释了焦虑是如何在我们的身体中体现，并给我们提供了关于我们情绪状态的重要信号。处理它们的策略后面再说。现在，能进行这样的对话已经够让我兴奋的了，这表示治疗进程迈出了新的一步。我引导David进行自我观察，留意他身体的各部位——胸部、头部、腿部——的感觉，这些感觉有助于他意识到紧张情绪的累积，并可能为他提供一些缓解的途径。对于David来说，承载他焦虑的是他的心跳、头痛和胃部不适。

"你现在感觉怎么样？"在下一次会谈中，我问David。"稍微好一些了。"我说："太好了。很高兴听你这么说："David迅速接着说："我还是认为来这里是在浪费时间。我本可以去做很多其他事。"我试图用一种安抚的方式，并带着一些帮助我们保持联系的幽默感回答："别急，别急，我是开始了某种治疗的广告宣传吗？我有说，哦，看看你是如何学会与焦虑共存而感觉更好的吗？当然没有。我是说，我本可以这么说，既然你现在提到了，也许我们真的应该讨论一下这个问题。我的意思是，你提出了一个不错的观点……"David对我微笑，好像挺喜欢我漫无边际的话。最后，我总结说："算了，我不想强加我的意愿或任何事情。我很好。我说的话够多了。"

尽管讨厌治疗，David还是参加了大部分的会谈，并且通常会提前到达。

他总是表现得非常友好，看起来很高兴见到我。他仍然需要问我很多关于我自己、我的家庭和工作的问题。他会问我是否有假期计划、喜欢去哪些地方、我的孩子们在学校的情况如何，以及我和我妻子喜欢去哪里吃饭，等等。我想明确指出：这些问题以及我叙述它们的方式可能会被理解为具有侵入感，因为确实有些人会不断地试探治疗的边界，让治疗师感到困惑和难以把握。但从我们之间充满温暖的互动中可以看出，David 与那些不断挑战边界的人截然不同。他极具吸引力，迷人、热情、友好，并且对我的生活的方方面面表现出了难以置信的好奇心。正是这些特质的结合，让我开始思考他在治疗过程中提问的意义，以及这些提问可能让我们在治疗中扮演的不同角色。

在某个时刻，我意识到David的问题实际上与他的焦虑紧密相关。人们很容易将这些问题视作是防御性的，虽然它们确实在一定程度上起到了这样的作用，实际上我也曾问David他问这些问题是否是为了分散他对不快情绪的关注。然而更重要的是，他的问题也是他应对那种可能无法承受的经历的一种方式，我认为，这也是他与我建立联系的一种方式。如果我能够尊重David的需求会怎样呢？至少到目前为止，我们共同工作中的经验表明，当我在David需要的地方与他相遇时，他就会在治疗中冒险一试。

我承认这个决定很困难。我对于一定程度的自我表露没有异议，特别是在与儿童和青少年工作时，让他们了解正在交谈的人很重要。然而，与David工作时不同的地方在于他提问的数量和强度。从来没有一个人像他这样，如果不加以控制，他可能会用整个咨询时间不断询问我的个人生活。同时，我也需要留意自己在会谈中的感受，因为我发现自己真的很享受与David工作的过程，我们的对话不仅引人入胜、内容丰富，而且常常充满乐趣。但是在会谈中过度快乐是有风险的。习惯于倾听别人生活的治疗师很容易接受谈论自己生活的邀请。如果治疗师，比如我自己，喜欢质疑治疗主流中一些公认的正统观念，这种情况尤其可能发生。说治疗师不应该也不可能在治疗室里表现得像一个没有感情的木偶是很容易的，但这也很容易成为一个稻草人论证*（strawman argument）。更准确的说法应该是，治疗师需要确保治疗过程真正基于每位患者的独特需求，同时治疗师需要小心谨慎，不要太容易被随意的风格所左右，这种风格打着真诚的幌子，如果不对这种风格进行仔细的监督和质疑，治疗很容易变得草率和没有帮助。关键是要确保对于自我表露中的信息的反思，诚然，在像与David这样快节奏的会谈中，这可能并不总是那么容易做到。当问题在我脑海中回荡时，我回顾了David在过去几个月中的进步。他更好地理解了自己的焦虑，并开始尝试某些认知技巧，以帮助他重新构建和挑战他深层次的焦虑想法。随着David开始关注并理解自己身体的反应，David对它们的反应性降低了。我们的目标并不是要彻底消除焦虑，而是让其变得可以承受；让他认识到，无论惊恐发作有多么痛苦，都不会威胁到生命，并且最终会平息；对他坚信自己永远无法踏出家门的想法提出质疑，分辨这是真实的信念还是短暂的感受；并检视他总是认为自己处于恐慌状态的这一信念是否与事实相符，还是夸大其词。David运用这些策略至关重要，而他之所以能够有效地运用它们，显然是因为我们在治疗过程中建立起联系。我们之间的互动交流让David感受到了支持，这样他在尝试解决自己的焦虑问题上不再是孤军奋战。

---

*稻草人论证是一种逻辑谬论。即曲解对方的论点，针对曲解后的论点攻击对方，再宣称已推翻了对方论点。——译者

"嘿，博士。"David轻松地打招呼。他轻松地滑到沙发上开始我们的会谈，然而他皱起的眉头和痛苦的表情表明情况并非如此。"你最近怎么样？"我问，"无意冒犯，但你看起来有点不对劲。"David痛苦地摇了摇头说："糟透了。真的糟透了。我什么都做不了。我本来应该去参加学校的夜间旅行，但我觉得自己做不到。我马上要期末考试，压力超大。我觉得我没法去上大学了。我什么都做不了。我永远都要这样了！你明白吗？我不正常！"David停顿了一会儿，然后再次开口说："我永远都会是这副样子了。"他再次停顿，然后以若无其事且真诚的语气问我："你周末过得怎么样？"我疑惑地看着David，问道："你是认真的吗？"David回答："什么？""你刚才还在用最强烈的方式表达你的难受。"我继续说，"你觉得自己不正常，认为自己再也做不成任何事情了，现在你却问我周末怎么样。真的吗？很难忽略你这样的转变。"David反击道："你觉得我不正常吗？""你刚才说你觉得自己不正常。"我反驳道，"实际上，我觉得你很正常。你确实被严重的焦虑所困扰，我敢说还有对治疗的一些成见，但是正常与否不是问题所在。"David听完安慰我说："我告诉过你，这不是针对个人的。""我知道，我知道。"我边说边挥手示意，"请告诉我你现在感觉如何。"我诚恳地问。但David很坚决，"我更想听听你的周末"。"真的吗？""真的。""为什么？"我问。"因为没意义。"David继续说，"我们已经讨论过这个了，我告诉过你治疗对我没用。它只会让我感觉更糟。我现在已经感觉很不好了。""好吧，好吧。"我让步了，"我们就按照你说的来。我周末过得挺普通的。""是吗？"David示意我继续说。"周六天气很好，所以我去了公园。"他问："做什么？""就是散了散步，和孩子们踢了会儿足球。""我也在那里。"David插话道，"我踢了足球，接着又打了篮球。我打得挺好的。"然后David详细讲述了他周末打篮球的精彩时刻。随着他谈论自己的活动，并继续询问我的周末情况，David逐渐放松了下来。几分钟后，他换了话题。"听我说，我有个问题想问你。"David倾身向前，准备开始提问。"说吧。"我说。"你为什么不玩呢？"David问我。"'为什么不玩'是什么意思？"我带着些许迷惑回头看着他。"真的，参加一个联赛。"现在我更困惑了，"嗯，我运动水平一般，而且说实话，我现在年纪也不小了，尽管我很感激你对我这么有信心"。David挥手好像在拂去我的话。"那都是借口。你不必非得踢得多好。我觉得你应该参加一个运动联盟，氛围轻松的那种，就为了享受比赛。这对你有好处。这样一来，等你的孩子长大了，你就有人可以一起玩了。你明白吗？""明白什么？"我不解地问。David露出一个满意的微笑，"你在逃避自己的恐惧。我是在为你着想"。"你一定是在开玩笑。""不，你知道我是对的。你害怕去尝试。""你怎么知道？"我反驳道，而David则回以一个坚定而了解一切的眼神。"算了，"我继续说，"我忘了我在和一个行家打交道。""谢谢。"他再次露出微笑。这时，他正舒服地靠在沙发上，看起来相当放松。"那周末其余的时间怎么样？"他问我。"还可以。"我说。"周六晚上呢？"David继续追问。"看了部电影。"我回答。看着David显得相当平静，我决定抓住这个停顿的机会，把话题转回到我们最初讨论的问题上。"我们现在可以谈谈那次夜间旅行的事吗？"这时，David能够谈论他的担忧了。他描述了自己对惊恐发作的恐惧，尤其是在公共场合，周围都是他的朋友时。令人印象深刻的是，David反思了他是如何将自己的恐惧灾难化的，他意识到自己之前的经历完全左右了他对即将发生的事情的预期，于是他制订了一个应对惊恐发作的计划。一周后，他的父母给我发了一封电子邮件，告诉我David因为学校的活动不能来我们的咨询，但他成功地参加了学校的课外活动，尽管有恐惧，还是享受其中。

学校旅行的成功让David感到松了一口气，但在两周后，他带着更多的问题来了。"你小时候都参与过哪些运动？"David问。我想了想，回答说："就是那些常见的运动，比如篮球、棒球、足球，还有地板曲棍球。我很乐意和你谈谈旅行的情况，我听说很顺利。你想说说吗？""嗯，嗯，晚点再说。你玩得怎么样？"David继续探问。"我玩得一般。"我回答。"好吧。"他坐回座位，"你在比赛中最糟糕的经历是什么？"我带着疑问的眼神看着他问："这跟我们现在的谈话有什么相关吗？"David也用同样疑问的眼神回应我，"我们应该互相分享，这样我会感觉更好。 所以，最糟糕的经历是什么？"他急切地催促。"我记得很清楚。"我回答。David看起来非常感兴趣，他坐好，并挥手示意我讲更多的细节。"那是一场夏令营间的棒球赛，发生在1983年7月的一个炎热夏日，树木在宁静的夏日空气中几乎纹丝不动。""说故事吧。"David打断了我。"背景和情境对于叙述来说至关重要，你懂的。"我反驳。David翻了翻白眼，我继续说："我在三垒位置。那是我负责的地方。我的投球手臂力量还算不错，但我不是一个擅长守三垒的球员。我们在Meadowlark营地客场打球。他们的球迷都在那里，很开心地看比赛。击球手上场，向我这边打出了一个简单的反弹球。没什么问题，对吧？"David期待地回看着我。"并不完全是。"我继续说，"我犯了第一个错误。我本应该直接冲向球，然后迅速传出去让对方出局，事情就结束了。但我当时决定让球朝我弹过来，因为我对自己的手臂有信心，我说过我的手臂力量很好，对吧？可以把对方扔出局。""你是急着扔球吗？"David疑惑地问。"不是，因为我当时没有主动迎球，球弹得很奇怪，直接跳过了我的头顶。"我继续说。"这听起来还没那么糟。"David试图安慰我

说。我抬头望向天花板，装作有点烦恼地说："我能继续讲故事吗？"David 做出一副抱歉的样子，举起双手："请继续。""谢谢。"我补充说，"所以，球从我头顶飞过，我当时很生气，可能还有点尴尬，球迷们都在取笑我，我跑去内场边缘捡球。我拿到球后，看到跑者正在绕过一垒，朝二垒跑去。记住，我的手臂力量很强。"我边说边向我的右臂点了点头，David 也摇头表示他记得。"我心里想，没门，伙计，我要把你在二垒扔出局。"David 肯定地点了点头。"我迅速转身，把球投向二垒，想要让那个跑者出局。"David 身体向前倾，兴趣盎然地问："你把他拦下来了吗？""这里出了点问题。"David 满怀期待地看着我。"我其实没有站稳，所以我投球的时候，身体是指向一垒和二垒之间的某个位置。""那球到底飞去哪儿了？""沿着一条非常漂亮的直线飞进了右外野""就这样？"他看着我。我挥手，做出一副假装恼火的样子。"行吧，你继续吧。"David 再次用手示意道歉，并说："真的很抱歉，请继续。我真的很想听听后面发生了什么。""你确定吗？我是说，也许你来讲这个故事会更好？""不，不，请继续。"我稍微停顿了一下，然后继续："好的，所以现在那家伙安全地到达了二垒，而且，这还不算完，他决定绕过二垒向三垒跑去。"我回头看着 David，他现在正聚精会神地等待着我接下来的话。"我的投球力道很足，球直接跳到了外野手那里。他接住了球，然后迅速传给了我，我在三垒这里准备接球。我接到球，触杀*了他，然后假装这一切都没发生过，对吧？""我猜错了。"David 板着脸说。我叹了口气，"很遗憾，哦，真的很遗憾，

---

*棒球和垒球比赛专用术语。指守场员用手套或手牢固地将球握住，同时以所持的球或持球的手或手套碰触跑垒员的身体使其出局的防守行为。——译者

你猜对了，我的朋友。就在那一刹那，我分神去看跑者的动向。不幸的是，这是个糟糕的决定，因为在那一瞬间我失去了对球的控制，只在它朝我飞来时才重新注意到它。球击中了我的手套，然后飞向了三垒后面。那名跑者现在开始绕过三垒。我拿到了球，但已经没有机会了，整个营地自然爆发出一阵夹杂着欢呼和嘲笑的声音。大概有一百个孩子都在指着我，我在一次进攻中犯了三个错误，并以一己之力将一个滚地球变成了本垒打"。"那确实挺糟糕的。"David说，他听起来被触动了。"实际上，那真的很丢脸。"我回答。"那你当时怎么做的？"David同情地问。"我能做什么呢？接下来的那个人直接将球打向我，我尽力将它传出去。我使出了全力，差点把我们的一垒手撞倒。在那之后的几局比赛中，我没有和任何人说话，但最终我走出了阴影，现在在这里向你讲述我的故事，虽然这件事发生在大约三十年前，细节相当痛苦。但那都已经是过去的事了，我已经放下了。"

在一节会谈中，你能感觉到一种能量，这和在任何对话中的感觉是一样的。我在那次比赛中连续三次失误的故事不仅让David感到放松，还引发了他极大的兴趣。在讲述的每一步，他都渴望更深入地了解我，渴望看到我也有脆弱和人性的一面。我告诉自己，我们正在逐渐转向讲述营地的故事，那正是David开始出现惊恐发作的起点。我很希望告诉读者，从那时开始，David开始分享他所有的焦虑，随之情况开始好转，我们共同取得了他在之前的治疗中未能达到的显著进展。但事实并非如此，至少不全是这样。David依然持续向我提问。然而，他也开始更勇敢地尝试，并逐渐对自己的焦虑脱敏。在学校旅行成功后，David开始更频繁地外出，更多地邀请朋友来家里玩，并且迈出了一大步——在朋友家里度过了更多的时光。他开始直面自己的恐惧，并且在这个过程中，

逐渐积累更多良性甚至积极的体验，以慢慢取代旧有的、充满焦虑的经历。这些变化并不是一蹴而就的，而是在几个月的时间里缓慢而曲折地实现的。

作为治疗师，我们很容易习惯于某种特定的角色定位。我们中的许多人一旦找到了有效的治疗方式，就会持续依赖于这种方式或以此为立足点，不论面对的情况如何，更不论走进我们咨询室的是谁。我本可以轻易地驳回David和他的提问，但有时候，为了帮助寻求治疗的个体，我们需要走出自己的舒适区，冒险尝试。我无法确切知道David从他向我提问的过程中获得了怎样的安慰，我只能做出推测。重点是他确实感受到了安慰，如果我没有那么做，我认为我不太可能帮助到他。

但是，任何东西都有代价，我很快就意识到，非传统方法虽让我感到舒适，但也有陷阱。"博士，我得想好夏天要做些什么。"David在一次会谈中提出。听到他在为自己的下一步行动做打算，我感到很高兴，并问他："你有什么想法？""我还不确定。"David耸了耸肩，然后特意强调，"不要提离开家的事。"我侧了侧头，"真的吗？你知道我现在就要问你这个问题了。这就像是一张巨大的邀请卡，它在邀请我和你讨论你的焦虑，并勇敢地迈向下一步，这无疑将是一个非常激动人心且充满勇气的行动"。David迅速地加上了一个免责声明："请不要认为这是可行的！"我叹了口气，"是你提起这个话题，然后又因此对我生气的"。这时，我将语气从轻松转为严肃，因为我想要更仔细地探讨这个未被解决的恐惧。我稍微放低了声音说："你已经考虑过这个了。"David显然很痛苦，低头看着地面说："不，这不可能。那正是所有问题的起点。我现在不想谈这个。我还没准备好。"我在考虑现在应该推进到什么程度。我觉得David已经准备好谈论他的恐惧了，但我不想让他感到不堪重负。同时，当他准备好接受更多挑战时，我也不希望恐惧继续主宰他的生活和我们的治疗。"好的，我明白了。我不是在强迫你（停顿），如果你稍微有点准备好了，会怎样呢？"David迅速地反问我："你也去过夏令营，对吧？"于是我们又回到了关于我的问题上。我决定，如果David需要暂时换个话题来喘口气，那也没关系。特别是我并非喜欢我所有的夏令营经历，所以这样的对话可能会有用。"是的。""哪些夏令营？""有几个。""你喜欢吗？""有时候，"我解释说，"总的来说，有好有坏。这就是我参加了几个夏令营的原因。""你会想家吗？"David认真地问。我已经发现，分享我自己的一些焦虑经历能够给David带来安慰，虽然我在思考我们会讨论到哪里，以及我会透露多少关于我参加夏令营的历史，但我还是回答了David："是的，我会。"David很好奇，他的眼睛紧盯着我，身体放松。"你给家里打电话了吗？"他问。"当我心情不好的时候？"我反问。David点点头，我回答："打了。""你知道的，他们并不总是让孩子们这么做。"他告诉我，"我记得我不得不争取这个权利。你认为这会让想家的感觉更糟吗？"他问我。"这要看情况。打电话本身不会。我觉得如果一个孩子不停地打电话，那可能并不是件好事。如果你安排特定的时间并保持通话简短，那可能会有帮助。毕竟，离家在外并不容易。以你的情况，我想他们其实应该允许你打电话回家。""是啊。"David现在带着一丝憧憬地望向前方，"我以前在夏令营表现得很棒。我简直就是那种典型的营地孩子！""我知道。"我说，回想起David之前有一次谈到营地时所描述的情景。David继续提问，逐渐地开始更多地谈论自己，同时穿插着关于我的问题作为休息。然后他又转换了话题，"你的孩子们去夏令营吗？"我稍微犹豫了一下，因为我不确定是否应该谈论他们的夏令营

经历。但这一直是我们治疗的方式，于是我继续和David交流。"是的。"我回答。"他们喜欢那里吗？我儿子喜欢。我女儿一开始也喜欢，但后来不喜欢了，她经历了一段不愉快。然后她去了另一个夏令营，现在又喜欢了。""所以她换了一个新的夏令营？""是的。"我回答，希望这个话题能够引导我们开始讨论新的机会和经历。我试图将对话转回到David身上，"你想分享一下你的经历吗？"David没有理会我，"他们去的是哪个夏令营？"

美国东北部地区分布着数百个夏令营露宿营点。成千上万的孩子每年都前往那里，去体验一下乡村生活，并且在夏天的某段时间离开家，经历一段独立的成长体验。在接下来的会谈里，我突然意识到，我提到了David几年前曾去过的那个夏令营。那是一个他最初非常喜爱的地方，他在那里曾是一名出色的全能营员，直到后来他经历了一系列痛苦的、使人衰弱的惊恐发作，这些发作成为他过去几年焦虑的起点。

David的眼睛睁大了，他花了一会儿时间来整理自己的情绪。"那个营地在我的生活中扮演了很重要的角色。"他轻声说，而我也感受到了一种沉重。"我在那里很快乐。我仿佛就是为那个地方而生，我以为我会一直在那里度过每一个夏天，直到我能在那里工作。"他停了下来。我和David静静地坐了一会儿，然后才开口说话。我让自己的心跳慢慢平静下来，因为我没有预料到我们之间会有这样的联系，同时我也担心这会对David以及我们的治疗工作产生什么影响。"听到你这样描述它，我感到很惊讶，尤其是考虑到你所经历的一切。"我又停顿了一下，提醒自己，尽管我自己不适的感觉也很重要，但我需要将注意力集中在David身上。"我没有在施压，好吗？"我再次停顿，一边说话一边观察自己的心跳和呼吸。"谈论发生了什么可能会有所帮助。我也意识到，在我所回答的数百个问题中，这个问题可能是一个错误。"David深深呼吸，再次将头埋在双手之间。我补充说："这完全取决于你。我相信你会根据什么是对你最好的来决定是否告诉我。这是你的选择。暂时不要考虑我与那个地方的关系。如果你愿意，就告诉我。"我深知这一点对David极为重要，因为他的焦虑有时似乎难以控制。他需要确信，那些故事和感受都属于他自己。我感觉David已经准备好向我讲述在营地发生了什么，而且我相信这个讲述过程本身将会有治疗的效果。我们的会面已经越来越接近这一关键时刻。我的自我表露帮助David感到更加自在，但最后一个信息的影响却是出乎意料的。虽然我在治疗过程中回答了许多问题，但我们会谈的主体始终是David，我的经历和自我表露主要是作为他衡量和管理自己情感的工具。鉴于这次夏令营的意外联系，我意识到自己过多地介入了我们的探索过程，我需要将会谈的焦点重新引回到David身上。为此，我需要从我自己的感受中抽离出来，更贴近David的感受。

我又等了一会儿，David深吸了一口气，稳住自己，然后开始了他的叙述。他没再问我任何问题。相反，他向我讲述了他的故事。他曾经一直很喜欢夏令营，并且在某个夏天像往常一样兴奋地回到了营地。但他的焦虑实际上在几个月前就已经开始了，那时就有人质疑那年他是否适合再去夏令营。他曾经见过一位治疗师，那位治疗师非常坚定她自己的方法，并且倾听了他的担忧。她强烈建议他那年夏天继续参加夏令营。于是他去了。起初一切都还算顺利，但后来他生病了，接着惊恐发作也随之而来。他无法睡觉，无法正常生活。一些辅导员尝试帮助他，但另外一些人希望问题自行消退。他们对David的困境感到无奈和沮丧。他没能打电话给父母，父母也不知道他发生了什么。两周后，营

地打电话叫他的父母来接他。他们把他带回家，他仍然病着，既疲惫又虚弱。我倾听着，David详细地告诉了我整个故事，为我打开了一扇了解他在那几周感受的窗口。当他讲完时，他深深地呼了一口气。他努力地讲述了自己的故事，表现得很勇敢。他最后问了我一个问题："你的女儿还好吗？""是的。"我温柔地回答，再次被David的同理心所感动。我感谢他关心我女儿，并感谢他分享了自己的经历，现在我明白了为什么那一段经历对他来说如此艰难，为什么他的焦虑有时会如此具有吞没性。我们这一次的咨询结束了。

我已经做好了准备，以为David可能会在我们下一次会面时迟疑不决。相反，他热情地向我打招呼，坐下来，并像往常一样询问我的周末过得如何。他的举止显得更加轻松自在，他在沙发上的坐姿也更加放松，时而抬头看看天花板，时而将目光转向我。我询问了他的感受，以及他对我们上一次会面有什么感想。他向我保证他没事，虽然他不喜欢谈论他的惊恐发作，但他理解我为什么想让他这么做，以及可能无论如何我还是帮不了他。至少情况没有变得更糟，David还在持续进步。他开始参与过夜活动，更积极地研究大学项目和可能的海外间隔年项目（gap year program）。他的焦虑依然存在，但随着日常挑战变得不再那么难以克服，焦虑的强度减轻了。我们的目标并不是要David彻底摆脱焦虑，而是希望他能够即便带着焦虑，也能继续勇敢地向前走。

我经常在想，如果我采取了不同的方法，David的治疗可能会有什么进展。如果我对他的提问视而不见，将其看作一种心理防御，并且加以限制，David是否会更容易应对他的焦虑呢？我是否会少浪费一点时间，或者在我们的对话中不那么沉溺其中？另外，他已经尝试过多次心理治疗，非常怀疑其有效性，而他焦虑的深度表明，一种新的方法可能才是解决之道。

　　David 喜欢我们这种独特的治疗方式。我觉得重要的并不是我分享的内容本身，而是 David 感受到的我们之间的联结和坦诚的氛围。正是那时他不再说他讨厌参加治疗。有一次，他问我平时怎么放松。我告诉他，我会做些运动、阅读、散步，还有写作。"你写什么呢？像小说那样吗？"我笑着回答："不是的，我写不出小说来。我写的东西和治疗有关。""你有过从这些事中抽身的时候吗？"他笑了。"这很放松，好吗？这是我创造力的出口。我既不会演奏乐器，也不会画画。因此，我选择了写作。""但你写些什么？""关于治疗的故事。""那些最成功的案例？""并不是。""你最喜欢的？"David 好奇地问。"不，不是我个人最喜欢的。我记录那些让我思考治疗以及心理治疗是什么的人。记录那些虽然具体内容不同，但都会以某种方式让我对治疗工作产生疑问的故事。所以我写下这些故事，这是我尝试理解事物的一种方式。"David 越来越有兴趣，他身体前倾，后来要发生什么已经很清楚了："那么，你会把我的故事写下来吗？"我笑了，"你刚好提到了。我一直在考虑这件事"。David 喜形于色，"因为我是你最喜欢的病人"。我抬头看着他说："不，不是因为你是我的最爱。是的，如果你要问，我确实非常喜欢和你一起工作。但你让我对治疗有了更深的思考。我们的治疗方法和我平时的不同。""是因为，"David 暂停了一下，不停地翻转着手，"我问了你这么多问题！"我肯定地点了点头，"是的，你确实这么做了。而我也都回答了你。这确实是我们在这里所做的重要部分，我通常不会这样做，所以这让我开始思考治疗是如何起作用的"。David 对自己感到非常高兴，"我对这件事感到很兴奋"。"我看得出来，实际上我很高兴你这么觉得。"过了一会儿，我不禁出声问道："你觉得我们能弄清楚你总是问我问题这件事儿吗？"David耸了耸肩，"我为什么不问呢？"这当然是一种看待这个问题的方式。"你的意思是？"我追问。David开始说话，音调逐渐升高，我可以看出他得说上一会儿。"如果不了解你，我怎么能信任你？想想看，我有焦虑和惊恐发作，它们把我的生活搞得一团糟。我见过很多心理治疗师……"说到这儿他就滔滔不绝地告诉我其他一些治疗师的愚蠢之处。当他说完后，我回到了他提出的第一点，这让我感到最为好奇。"你说：'如果不了解你，我怎么能信任你。'"David点点头，"对啊，我为什么要信任你呢？如果我不知道你能不能理解我经历的一切，我为什么要把我的事情告诉你？你怎么能那么自信地坐在那里，告诉我'这样做'或'那样做'呢？我需要知道你能不能理解我的生活。同时，我也需要知道你并不是那么高高在上。所以当你告诉我关于你的生活时，我需要建立一种个人联系。这才是最重要的。这种联系。你应该把它写下来"。"有意思。"我说，"我同意你对建立联系的看法，但回答问题这部分比较复杂。""你的意思是？"David问。"就是关于我们有相同营地经历的这件事。"我轻描淡写地说。"哦，是的，那确实有点糟。"David认同道。"确实很难确定应该在哪里设定界限。这就是'滑坡效应'*（slippery slop thing）。"我指出。"是的，但我们处理得很好。"David提出。我稍微停顿了一下，然后说："如果你在治疗初期就知道了我们之间有与这个营地有关的联系，我猜治疗可能就得结束了。""你这么认为？"David表示疑惑。"我不能确定，但很可能。"我说，"我们之所以能够处理好，是因为我们已经对彼此有了深入的了解。""那倒也是。"David同意后继

---

*指如果一件坏事情一旦开始，不加以遏制，就很可能变得越来越糟糕。——译者

续说，"但我还是需要你回答我提出的所有问题。"我再次看向David，边点头表示同意边回答："我知道。我想你确实需要。这也正是使整件事有趣的地方。"

为何我会回答David那么多问题呢？难道David是唯一一个踏进我的办公室、感受着剧烈痛苦且极度渴望在生活中获得控制感的青少年吗？我认为答案可能不仅仅源于他的症状或他的特定年龄。虽然在与孩子和青少年合作时需要有一定程度的开放性，但我仍然对自我表露持保守态度。这意味着我需要有充分的理由来袒露我自己生活的一部分。我指的不是那些非常基础的问题，比如我最喜欢的运动队、我的年龄，或者我是否看过某部电影。这些都是与孩子和青少年进行基础交流时的常见话题，如果不诚实回答，他们通常会退缩。关键问题在于更实质性、更个人化的自我表露。我自己生活的一部分可能以某种方式与办公室里坐在我对面的某个人有所交集。我不认为这样的自我表露在本质上具有治疗性，如果使用不当，反而可能干扰治疗过程。治疗师需要扪心自问，透露信息的目的何在，以及这样做将对孩子产生何种影响。每位治疗师都可能会享受与特定个体合作的过程，正如我享受与David的工作一样，我们总有一种想要在治疗中更坦率、更真实的牵引力。然而，这种牵引力有时会导致界限模糊，使得治疗关系虽然真诚，却可能失去其治疗价值。至关重要的是要保持反思和警觉，意识到这些个人信息的表露，更不用说两个人之间可能发生的自然冲突，是如何影响治疗空间和关系的。

那么，为什么是David？我为什么在他的案例中采取了这种非传统的治疗方法？回答David的问题带来了什么好处？我的自我表露是如何与那些非常传统，实际上已经标准化的焦虑暴露和认知行为疗法技术相结合，来帮助David

取得进步，让他在这个世界上感到不那么焦虑的？我可以说，鉴于David的经历，他需要这种程度的坦诚。David需要重新学会信任，我们才能一起工作。提问是他俏皮天性中的一部分，也是他与我——他的治疗师建立联系的一种方式。我们之间玩笑般的对话创造了一个令他感到安全的环境，使他能够开始探索自己的情感和艰难的经历。这些想法似乎是合理的。我相信还有很多其他的可能性我没有考虑到或者没有记起来并写下来。我所知道的是，没有简单的答案。不过，这中间确实有许多错综复杂、引人入胜，有时甚至会引起争议，偶尔会让人感到挫败，但总能激发思考的问题。

我想要对在我写这本书的过程中给予我支持的众多同事、朋友和家人表示感谢。首先，我要感谢Jill Putterman，她既是我的妻子，也是我的同事。感谢她对这本书的所有帮助。Jill提供了大量的评论与支持，并对这个项目保持着始终如一的热情，她的这些贡献是无价的。

许多同事和朋友阅读了本书并对不同案例做出了评述。我要感谢David Crenshaw和Ana Sutton，几年前他们阅读了第一个案例研究，他们的反馈和鼓励对我而言非常重要。通过David的引荐，我得以认识Ana，并加入了罗克斯顿国际游戏治疗研究小组，这是一个由Charlie Schaefer带领的全球治疗师团队。在罗克斯顿的经历从很多方面启发了我并促使我坚持写作。特别要感谢David Le Vay、Eileen Prendiville、Majella Ryan、John Seymour、Evangeline Munns和Claudio Mochi对本书不同章节提出的反馈。我还要感谢我的其他同仁，感谢他们的友善、灵感、好奇心，当然还有他们的风趣幽默。

在个人层面，我有幸得到了众多才华横溢、思考深刻的人士的帮助与支持。他们不仅阅读了本书的各个章节并提出了宝贵的意见，还通过交谈给予我灵感。对于他们的帮助，我心存感激，并由衷地向Ben Harris、John Mathews、Carol Eagle、Chris Bonovitz、Leslie Sharpe、Joe Reynoso、Jasmine Ueng-Mchale、Rise Van Fleet、Peter Carnochan、Ann Flick、Kenneth Barish、Leslie Epstein-Pearson、Lois Carey、Tzachi Slonim、Frumi Strohli以及Ben Lapkin表达我深深的谢意。

我还有幸与来自不同国家的同行们进行反馈和交流，无论距离有多远，他们都慷慨地投入时间阅读和思考这些案例，与我进行临床讨论。我要感谢瑞典

的Gunnar Carlberg 和澳大利亚的Peter Blake，他们大量地思考并讨论了这些案例研究中出现的与儿童工作相关的众多临床和理论要素。我还要感谢意大利的Antonino Ferro 和Roberto Basile，感谢他们投入的时间，以及对前几章的反馈。

《儿童青少年心理治疗的故事：创造好奇的空间》这本书得以问世，离不开我的编辑Chris Teja的鼎力相助，我衷心感谢他对我所承担的这项工作的信任与支持。最后，感谢我的家人在我撰写这本书的过程中给予我的鼓励。这些案例记录是我在数年时间里逐渐完成的，期间我对写作的热情也有过起伏。Jill、Max、Nina以及其他家人的陪伴和支持让我得以完成这部作品，对于你们的支持，我怀有无尽的感激。

关于保密性的重要声明

本书是一系列治疗性叙述的集合。我写到的每个孩子都引发了我对心理治疗的一些个人思考，我希望书中的这些故事能够促进我们对于如何帮助儿童和青少年的讨论。我的写作过程中不可避免地会涉及在私密的治疗室内的经历与互动。为了确保书中所涉及个体的隐私安全，我采取了多种措施。书中出现的所有名字均为化名，我刻意减少了对个人及家庭背景的描述，以确保这些儿童和家庭的隐私得到保护。同时，我还修改了一些家庭或个人的背景信息，这些修改旨在尊重家庭或保护个人信息的隐私性，并不会改变临床案例的核心内容。我衷心希望，在我尽力以一种富有人情味和尊重的方式描写每个孩子及其家庭的过程中，本书中个体的隐私得到了妥善的保护。

参考文献

Ainsworth, M., Blehar, M., Waters, E., & Wall, S. (1978). *Patterns of attachment: Psychological study of the strange situation.* Hillsdale: Erlbaum.

Altman, N. (1997). The case of Ronald: Oedipal issues in the treatment of a seven-year-old boy. *Psychoanalytic Dialogues*, 7, 725–739.

Axline, V. (1947). *Play therapy.* Boston: Houghton-Mifflin.

Barish, K. (2010). *Emotions in child psychotherapy.* New York: Oxford University Press.

Barrows, P. (2002). Becoming verbal: Autism, trauma and playfulness. *Journal of Child Psychotherapy*, 28, 53–72.

Beck, A., & Freeman, A. (1990). *Cognitive therapy of personality disorders.* New York: Harper & Row.

Bellinson, J. (2002). *Children's use of board games in psychotherapy.* New York: Jason Aronson.

Blake, P. (2011). *Child and adolescent psychotherapy.* London: Karnac.

Bonovitz, C. (2009). Countertransference in child psychoanalytic psychotherapy: The emergence of the analyst's childhood. *Psychoanalytic Psychology*, 26, 235–245.

Bowlby, J. (1950). *Maternal care and maternal health.* London: Jason Aronson.

Bowlby, J. (1973). *Attachment and loss: Volume II. Separation: Anxiety and anger.* New York: Basic Books.

Caldwell, C. (2003). Adult group play therapy: Passion and purpose. In C.E. Schaefer (Ed.), *Play therapy with adults.* New Jersey: John Wiley.

Carlberg, G. (1997). Laughter opens the door: Turning points in child psychotherapy. *Journal of Child Psychotherapy*, 23, 331–349.

Carnochan, P. (2010). Earning reality. *Journal of Infant Child and Adolescent Psychotherapy*, 9, 26–33.

Cattanach, A. (1997). *Children's stories in play therapy*. London: Jessica Kingsley.

Chethik, M. (2003). *Techniques of child therapy: Psychodynamic strategies*. 2nd ed. New York: Guilford Press.

Crenshaw, D. (2006). *Evocative strategies in child and adolescent psychotherapy*. New York: Jason Aronson.

Crenshaw, D. A., & Kenney – Noziska, S. (2014). Therapeutic presence in play ther–apy. *International Journal of Play Therapy*, 23, 31–43.

Engel, S. L. (2006). *Real kids: Creating meaning in everyday life*. Cambridge, MA: Harvard University Press.

Ferenczi, S. (1949). Confusion of the tongues between the adults and the child: The language of tenderness and passion. *International Journal of Psychoanalysis*, 30, 225–230.

Ferro, A. (1999). *The bi-personal field. Experiences in child analysis*. London: Routledge.

Frankel, J. (1998). The play's the thing: How essential processes of therapy are seen most clearly in child therapy. *Psychoanalytic Dialogues, 8*, 149–162.

Gallo–Lopez, L. (2005). Drama therapy with adolescents. In L. Gallo–Lopez & C. E. Schaefer (Eds.), *Play therapy with adolescents*. New York: Jason Aronson.

Harlow, H. (1958) The nature of love. *American Psychologist, 13*, 573–685.

Hornby, N. (2005). *Fever pitch*. London: Penguin.

Hudak, D. (2000). The therapeutic use of ball play in psychotherapy with children. *International Journal of Play Therapy*, 9, 1–10.

Jennings, S. (1990). *Dramatherapy with families, groups, and individuals.*

London: Jessica Kingsley.

Jennings, S. (2011). *Healthy attachments and neurodramatic play.* London: Jessica Kingsley.

Kaduson, H. G. (2006). Release therapy for children with posttraumatic stress disorder. In H.G. Kaduson & C.E. Schaefer (Eds.), *Short - term play therapy for children,* 2nd ed. New York: Guilford Press.

Kleimberg, L. (1998). Playing and illusion in psychoanalysis and football. Paper given at the 'Football Passions' conference organized by the Freud Museum and University of East London.

Kronengold, H. (2010). Hey Toy Man. *Journal of Infant, Child and Adolescent Psychotherapy,* 9, 3–17.

Lanyado, M. (2004). *The presence of the therapist: Treating childhood trauma.* London: Routledge.

Loewald, H. W. (1960). On the therapeutic action of psychoanalysis. *International Journal of Psychoanalysis, 41*, 16–33.

Moustakas, C. (1997). *Relationship play therapy.* Lanham, MD: Jason Aronson.

Oaklander, V. (1988). *Windows to our children: A Gestalt therapy approach to children and adolescents.* Highland: The Gestalt Journal Press.

Schoop, T. (1974). *Won't you join the dance? A dancer's essay into the treatment of psychosis.* Palo Alto: National Press.

Stern, D., Sander, L., Nahum, J., Harrison, A., Lyons–Ruth, K., Morgan, A., Bruschweiler–Stern, N., & Tronick, E. (1998). Non–interpretive mechanisms in psychoanalytic therapy: The "something more" than interpretation. *International Journal of Psychoanalysis, 79*, 903–21.

Val Fleet, R. (2010). *Child - centered play therapy.* New York: Guilford Press.

Winnicott, D. W. (1965). *The maturational processes and the facilitating environ-*

ment. London: Hogarth.

Winnicott, D. W. (1971). *Playing and reality*. London: Tavistock.

Yalom, I. D. (1993). *When Nietzsche wept*. New York: Harper Perennial.

Yalom, I. D. (2002). *The gift of therapy: An open letter to a new generation of therapists and their patients*. New York: Harper Collins.

译后记

作为儿童治疗师，我们会在不同个案中反复思索着类似的问题：孩子看似特殊的行为到底在传递哪些讯息？那些天马行空的想象和看似语无伦次话语的背后又藏有怎样的玄机？是什么带来了孩子的改变？是去跟随孩子的引导？还是在顶着治疗师和成年人的头衔，带着改变的决心去带领孩子走向我们预设的治疗的方向？

在很长一段时间内，每每看到教科书中的大师们做出的令人拍案叫绝的诠释或洞见，我们都会敬佩于这些智慧的见解与敏锐的洞察力。往往我们会产生一个武断的结论：是那些诠释带来了改变。那些如魔法般诱人的诠释深深地吸引着我。因而在很长一段时间内，如何做出精彩的诠释，以及如何能够先一步对个体的心理现象作出动力学的理解，无形中成为我们在受训关注最多的。然而，往往在我们做出了相关的诠释后，"魔法"却没有真正发生。

2022年底，有幸参与到Peter Blake的著作《儿童青少年心理治疗》的翻译工作中去。翻译过程本身再次唤醒了我对上述问题的反思。彼时，我正在芝加哥精神分析学院受训，Robert Levy博士在《精神分析的反思性思考》这门课程中重点介绍了他提出的非线性混沌理论。他让我们开始对一门学科、一个个体、一个症状甚至是一个行为本身有了更多的思考和反思，更清醒地提醒我对于单一因素决定论的观点需时刻保持警惕。带着这样的因缘际会，似乎更能够去理解Peter Blake全书的主旨：将意识无意识化，带着体验去工作。开放的洞察往往能带来新的发现。跟随情感的流动参与到另一个主体的内在世界，仿佛打开了另一扇门。而再次参与到Henry Kronengold的《儿童青少年心理治疗的故事：创造好奇的空间》的翻译中

Stories from   **A**
Child & Adolescent   **Curious**
Psychotherapy   **Space**

去，则是让这门里的世界有了更多具象的体验。

当我们准备好去迎接一个听上去紧张不安、困难重重的孩子，而打开门看到的却是亲和讨喜的面孔，这一反差感是如何引导我们进行接下来的工作的；当孩子周而复始地重复着极具有攻击性的游戏时，我们是该继续跟随其中，还是寻找时机适时转化这些攻击性；治疗的结束可以由孩子提出吗；当王子不断被公主戏弄时，他是否可以发起反击；菠萝队长的横空出世能够力挽狂澜吗……

这一系列引人入胜的治疗故事一次次将我们带入临床互动的微妙瞬间，我们往往看到的并不是绝妙的理论性诠释带来了华丽转化，而是这些生动的互动如何沉入到两个鲜活的主体间，在情感的引导下一点点地深入到孩子深藏的秘境，在不打扰、不侵入、不主导，又不会冷眼旁观或轻易缴械投降的好奇与温暖的跟随下让沉睡已久的心智被重新激活、可以言说，并被赋予意义。情感的困境终究回归到情感连接中得以修复。这些故事并不会为我们提供单一答案，曲折的治疗过程，或是生动，或是枯燥，或是生机盎然，或是瞬间掉入绝望，这样的历程只会让我们对人类的情感多了更多谦卑与敬畏。

高侠丽